Gregor Rossmann, Josef Mohr

Vital durch das Feuer

Effektive Strategien zur Vermeidung von Burnout

kneipp verlag
WIEN

Inhaltsverzeichnis

Vorwort
Gerhard Conzelmann

Die Prävention der Zivilisationskrankheit „Burnout" und gleichzeitig die Erhaltung und Steigerung der eigenen und unternehmerischen Leistungsfähigkeit sind heute von elementarer Bedeutung. Hier können Führungskräfte und Unternehmer von erfolgreichen Sportlern und Shaolin-Mönchen lernen!

Ein effizientes Energiemanagement ist für Führungskräfte, Top-Athleten und Shaolin-Mönche die Grundvoraussetzung für Gesundheit sowie für persönlichen Erfolg und Höchstleistungen. Wie Spitzensportler erleben auch Führungskräfte täglich neue „Wettkämpfe" und Herausforderungen, die es in stressreichen Zeiten zu bewältigen gilt. Sie erbringen ständig Höchstleistungen. Gönnen sie sich keine Erholungs- und Regenerationszeiten, kommt es früher oder später zu Leistungseinbußen. Je größer die Belastungen sind, desto mehr Pausen sollten sie machen. Wie sieht die Praxis aus? Je höher der Stress, umso geringer ist die Anzahl der Erholungsphasen. Tägliche Regenerationszeiten werden daher dringend benötigt, um die Konzentration und Leistungsfähigkeit langfristig aufrechtzuerhalten. Mithilfe von Entspannungs- und Meditationstechniken der Shaolin-Mönche können Führungskräfte und Unternehmer in ihren täglichen Pausen gezielt Energie und Kraft für ihren beruflichen Alltag tanken. Ebenso achten erfolgreiche Sportler penibel auf ihre Entspannungszeiten. Wissen sie doch, dass es zu einem Übertrainingszustand kommen kann, werden gezielte Regenerationsmaßnahmen nicht eingehalten. Monatelanges hartes Training und Vorbereitungen auf einen Wettkampf würden somit zunichte gemacht werden.

Der richtige Umgang mit leistungshemmenden Gedanken und negativen Gefühlen ist ein weiterer Faktor, der das Leistungs- und Energieniveau von Führungskräften bestimmt. Shaolin-Mönche zeigen auf beeindruckende Weise, welche Kraft und Auswirkungen ihr Bewusstsein und ihr Denken haben. Shaolin-Mönche sind der Inbegriff für mentale Stärke. Kein Shaolin-Mönch denkt während einer gefährlichen Übung darüber nach, dass diese nicht gelingen könnte. Die Folgen wären fatal und hätten vermutlich schwere Verletzungen zur Folge. Auch Top-Athleten lernen, wie sie ihre Gefühle und Gedanken im Wettkampf managen. Ein verärgerter Sportler kann in Wettkampfsituationen nicht seine volle Leistung abrufen. Ebenso wenig werden negativ denkende Führungskräfte langfristig ihre Leistungsfähigkeit erhalten. Pessimistische Menschen erkranken häufiger, sind unzufriedener und sterben früher. Der Aufbau mentaler Stärke ist in diesem Zusammenhang wesentlich für die Erhaltung eines optimalen, gesundheitsfördernden Energielevels.

Sportler und Shaolin-Mönche kennen die Geheimnisse einer natürlichen, leistungssteigernden Ernährung. Beeinflusst die Ernährung doch wesentlich den Energielevel und somit die damit verbundene Leistungsfähigkeit. Immer wieder höre ich von Führungskräften, dass sie es während eines hektischen Arbeitsalltages nicht schaffen, ausreichend Zeit für Mahlzeiten einzuplanen. Viele Führungskräfte nehmen daher ihre Speisen nach dem Zufallsprinzip ein und oder nach dem Prinzip: „In der Kürze liegt die Würze." Fastfood oder Snacks stillen zwischen Besprechung und dem hektischen Führungsalltag zwar kurzfristig den Hunger, langfristig bedeuten diese ungesunden Ernährungsgewohnheiten jedoch Leistungsverlust und Krankheit.

Eine der wichtigsten Quellen für Belastungsabbau ist die Bewegung und der Aufbau eines guten Fitnesslevels. Bewegung führt zwar einerseits zu einem unmittelbaren Energieverlust, andererseits werden gleichzeitig positive Energie aufgebaut und die körperlichen und geistigen Kapazitäten gestärkt. Auch hier dienen der Spitzensport und die Lebensweise der Shaolin-Mönche als Modell.

Fazit:
Gregor Rossmann und Josef Mohr zeigen in diesem Buch auf einfache und verständliche Weise, wie Vielbeschäftigte mit den Strategien des Spitzensports und der Shaolin-Mönche die Basis für eine stabile Gesundheit schaffen.

Dr. Gerhard Conzelmann, Präsident des International Shaolin Institute e.V

Vorwort
Gregor Rossmann

Stellen Sie sich bitte folgende Situation vor: Sie haben jeden Tag Rückenschmerzen, gerade so viel, dass Sie Ihre Arbeit ohne größere Einschränkungen verrichten können. An manchen Tagen, an denen Sie sehr viel sitzen, sind die Rückenschmerzen etwas stärker, manchmal auch etwas geringer. Eines Morgens wachen Sie auf und Ihre Rückenschmerzen sind so groß, dass Sie es nur mit größter Mühe aus Ihrem Bett schaffen. Sie schleppen sich zum Arzt, erhalten mehrere Infusionen, damit Sie danach – Business as usal – wieder Ihre Arbeit verrichten können. In den kommenden Tagen reduzieren sich Ihre Rückenschmerzen wieder auf das übliche, erträgliche Maß. Drei Wochen später wiederholt sich diese Situation, und wieder retten der Gang zum Arzt und seine Spritzen Ihren Tag. Nachdem Ihre Rückenschmerzen auch in den folgenden Wochen nicht mehr abklingen, beginnt der Spießrutenlauf von Arzt zu Arzt. Nach der ersten Untersuchung hören Sie: „Sie haben die für Ihr Alter typischen Abnutzungserscheinungen. Mit den Schmerzen müssen Sie halt leben." Damit finden Sie sich aber nicht ab und suchen weitere Ärzte zur Abklärung auf. Nach eineinhalb Jahren waren Sie bei vier Spezialisten. Zwei davon vermuten ein Burnout, da es aufgrund der vorhandenen Abnützungen nicht zu diesen Schmerzen kommen kann. Der vierte Spezialist sagt: „Ein Burnout haben Sie sicher keines, aber dafür ‚Rheumatoide Arthritis' und ‚Morbus Bechterew'."
Genau so ist es mir ergangen. Der Verdacht auf Burnout hat mich aufgrund meiner langjährigen Erfahrungen als Stressmanagementtrainer sehr überrascht. Die Diagnosen „Rheumatoide Arthritis" und „Morbus Bechterew" erschienen mir aufgrund meines Schmerzbildes doch plausibler. Auf Empfehlung meines Arztes nahm ich nun ein sehr starkes Medikament ein. Die Nebenwirkungen – Gewichtsabnahme und depressive Verstimmungen – veranlassten mich jedoch, das Medikament wieder abzusetzen. Nach dieser Entscheidung suchte ich nach alternativen Behandlungsmethoden und lernte bei einem Seminar in Deutschland Josef Mohr und die von ihm entwickelte Gehirnintegrationstechnik BRAINKINETIK kennen. Er klärte mich über die Vorteile einer milch- und weizenfreien Ernährung auf und empfahl mir, dass ich mich zur Linderung meiner Beschwerden vorwiegend von Rohkost ernähren sollte. Die Vorstellung, mich nur von Obst und Gemüse zu ernähren, war für mich mehr als erschreckend. Meine Schmerzen motivierten mich aber, diesen alternativen Weg zu gehen. Diese Form der Ernährung, ein auf mich abgestimmtes BRAINKINETIK-Training, unterschiedliche Entspannungs- und Meditationstechniken, die ich von Dr. Gerhard Conzelmann und Shaolin-Mönchen lernte, und spezifische Krafttrainingsmethoden aus dem Spitzensport bewirkten, dass ich nach weniger als einem Jahr schmerzfrei war. Im Laufe meiner Genesung begann ich, meine neuen Erfahrungen im Bereich der Ernährung und des Gehirnintegrationstrainings BRAINKINETIK mit meinem Wissen des Sports und des Managements miteinander zu verbinden. Ich veränderte radikal meinen Coaching- und Trainingsansatz und setzte kontinuierlich meine neuen Erkenntnisse im Rahmen meiner Arbeit ein. Daraus entstanden die BusinessVital-Methode und die Idee, einen Gesundheitsratgeber für viel beschäftigte Führungskräfte, Unternehmer und für alle unter großem Arbeitsdruck stehenden Menschen zu schreiben.

Dieses Buch basiert folglich auf meinen beruflichen Erfahrungen aus meiner Arbeit mit Sportlern und Managern, meinem Wissen aus meinem Studium und meinen zahlreichen Ausbildungen. Die Erkenntnisse aus Interviews mit Top-Sportlern und Führungskräften fließen in das Buch ebenso ein wie einfache Lebensprinzipien der Shaolin-Mönche. Diese durfte ich in vielen gemeinsamen Stunden mit Dr. Gerhard Conzelmann und Shi Yan Yan, Meister der 34. Generation der Shaolin-Mönche, kennenlernen. Die Atem- und Mediationstechniken sowie einige Lebensprinzipien der Shaolin-Mönche sind inzwischen ein unverzichtbarer Teil meines Lebens geworden. Einen großen Einfluss auf meine Arbeit und folglich auf dieses Buch hatte natürlich Josef Mohr. Dank BRAINKINETIK und seinen Empfehlungen in Bezug auf eine natürliche Ernährung darf ich wieder schmerzfrei durchs Leben gehen.

Mein Wunsch ist es nun, einer breiten Leserschaft einfache Möglichkeiten und Methoden zur Burnout-Prävention und Gesunderhaltung zu vermitteln, die in den Alltag leicht zu integrieren sind. Wie gesagt, habe ich im Laufe meiner beruflichen Tätigkeit und persönlichen Weiterbildung eine Vielzahl an Fachbüchern zu diesem Thema verschlungen und versucht, die beschriebenen Strategien persönlich umzusetzen bzw. meinen Klienten weiterzuvermitteln. Ich habe die Erkenntnis gewonnen, dass die wissenschaftlichen Theorien in der Praxis oft nur sehr schwer umsetzbar sind. Spitzensportler und Shaolin-Mönche haben mich hingegen gelehrt, dass wir mit gesundem Menschenverstand, einfachen Mitteln und mit einer großen Portion Selbstdisziplin unsere Gesundheit erhalten und die Leistungsfähigkeit enorm steigern können. Die Zusammenfassung der wesentlichen Erkenntnisse des Spitzensports sowie spezifisch ausgewählter Denk- und Trainingsansätze der Shaolin-Mönche zur BusinessVital-Methode war für mich nur die logische Konsequenz meiner bisherigen Lebenserfahrungen. Stärken Sie also die drei Säulen der BusinessVital-Methode, so ebnen Sie den Weg für eine gesunde und leistungsstarke Zukunft.

Gregor Rossmann

Einleitung

Bei meinen Recherchen für dieses Buch zeigte sich, dass sich erfolgreiche Spitzensportler und Führungskräfte auf ihrem Weg in den Olymp nahezu der gleichen Erfolgsprinzipien bedienen. Mit einer Ausnahme: In der Hektik des Alltags vergessen viele Führungskräfte und Unternehmer den Erfolgsfaktor Gesundheit. Ein gesunder Geist und ein fitter Körper sind meiner Ansicht nach das wichtigste Fundament für dauerhaften Erfolg. Im Geschäftsleben wird diese Tatsache häufig in den Hintergrund gedrängt, obwohl Vielbeschäftigte wöchentliche Arbeitspensen von 50 bis 70 Stunden absolvieren. Die Ausreden, sich zu wenig mit Geist und Körper zu beschäftigen, sind vielfältig und reichen von „Ich habe keine Zeit!" bis „Ich habe momentan so viel Stress!" Der Verlust der Gesundheit bedeutet aber, dass man seine Ziele zumeist nur mehr eingeschränkt verfolgen kann. Das verdiente Geld muss in vielen Fällen wieder für die gesundheitliche Genesung eingesetzt werden.

Für Top-Athleten ist eine an die hohen Belastungen angepasste Lebensweise selbstverständlich. Sie achten penibel auf ihre Gesundheit. Sind ein gesunder Körper und Geist doch das Grundkapital für ihren sportlichen Erfolg. Kein vernünftiger Profisportler würde auf die Idee kommen, ein Jahr ohne Erholungsphasen durchzutrainieren. Die Folgen wären Verletzungen und in den meisten Fällen ein Übertrainingszustand, der mit einem starken Leistungsabfall einhergeht.

Was im Kontext des Leistungssports selbstverständlich ist, wird im Berufsleben oft zur Gänze vernachlässigt oder gar ignoriert. Auch für berufstätige Menschen sind Körper und Geist das wichtigste Kapital. Nur wird dieser Faktor von vielen Menschen so lange ignoriert, solange sie kein Problem mit ihrer Gesundheit haben. Was machen viele Berufstätige? Sie arbeiten bis zum Umfallen und ignorieren ihre persönlichen Grenzen, bis es zur Erschöpfung kommt.

Langfristig erfolgreich und gesund sind im Beruf meist jene Personen, die nicht nur fachlich auf dem Laufenden, sondern auch mental und körperlich fit sind. Voraussetzung für dauerhafte Gesundheit und Leistungsfähigkeit ist ein hohes Maß an Disziplin. Ich habe Felix Gottwald, Österreichs erfolgreichsten Olympioniken gefragt, was denn sein spezielles Erfolgsgeheimnis für seine außergewöhnliche Karriere war. Seine Antwort war für mich nicht überraschend: „Es war meine letzte Konsequenz und Disziplin, mit der ich meine Ziele verfolgte." Und genau diese Konsequenz und Disziplin benötigen Sie, wenn Sie das wichtigste Fundament für Ihre persönliche Bestform schaffen wollen. Nämlich das Fundament „Gesundheit".

Als klassisch ausgebildeter Sportwissenschaftler war ich lange der Überzeugung, dass die Techniken des Sports das Nonplusultra für Leistungssteigerung und Gesundheitsförderung sind. Bis zu dem Moment, als Gerhard Conzelmann, Präsident des internationalen Shaolin-Institutes in Deutschland, mir erzählte, dass Shaolin-Mönche bis zu ihrem Ableben für gewöhnlich nicht erkranken. Mit dieser Aussage hat er natürlich mein Interesse geweckt, die Geheimnisse ihrer besonderen Kräfte und stabilen Gesundheit zu hinterfragen. Als ich dann das erste Mal einem Shaolin-Mönch gegenüberstand, war meine erste Frage, ob ich selbst auch solch unglaubliche mentale und körperliche Kräfte entwickeln könne.

Shi Yan Yan, Meister der 34. Generation erklärte mir, dass ich „nur" meinen Geist und Körper trainieren müsse. Was aus Shi Yan Yans Mund simpel klingt, ist natürlich in der Praxis nicht so einfach umzusetzen. Shaolin-Mönche trainieren und leben unter Bedingungen, die wir in unserer Gesellschaft im Normalfall nur sehr selten vorfinden. Sie konzentrieren ihren Tagesablauf auf das Wesentliche, das heißt, sieben Tage in der Woche Training und Meditation – und das mit außerordentlicher Disziplin. Um als Shaolin zu leben, muss man wohl in diesem Kulturkreis mit seiner über 1.500 Jahre alten Tradition aufwachsen. Aber auch wenn wir nicht im Shaolin-Kloster leben, können wir einige der Techniken und Lebensprinzipen der Mönche zur Burnout-Prävention und Stärkung unserer Gesundheit nutzen.

Wie Sie dieses Buch optimal nutzen

Dieses Buch ist ein Impulsgeber für viel beschäftigte Menschen, die mit den Methoden des Spitzensports und der Shaolin-Mönche ihre Gesundheit erhalten und ihre Leistungsfähigkeit steigern möchten. Es dient der Prophylaxe körperlicher und psychischer Überlastung und soll einen Denkanstoß abseits der üblichen Bewegungs-, Entspannungs- und Ernährungsempfehlungen liefern. Die in diesem Buch beschriebenen Methoden des Sports und der Shaolin-Mönche sollen aus Ihnen aber keine Hochleistungsmaschine machen, damit Sie mit der Geschwindigkeit eines 100-m-Sprinters noch schneller durch Ihr Leben eilen und noch mehr arbeiten. Diese Lektüre stellt Ihnen ein einfach umsetzbares Trainingsprogramm zur Erhaltung Ihrer Gesundheit und Vermeidung von stressbedingten Erkrankungen vor. Nutzen Sie einfach diese Maßnahmen, um Ihre Belastungen zu reduzieren und um Ihre Lebensqualität zu steigern.

„Der eine wartet, dass die Zeit sich wandelt, der andere packt sie kräftig an und handelt!"
Dante Alighieri

Positive Veränderungen in Bezug auf Ihre Gesundheit erreichen Sie nur, wenn Sie das erlernte Wissen aus diesem Buch auch in die Handlungsebene bringen.
Vielleicht kennen Sie das Phänomen: Sie nehmen sich etwas vor, haben ein Ziel und wollen aktiv etwas in Ihrem Leben verändern, aber mit der Zeit verliert sich Ihr Vorhaben immer mehr im Sand.
Die Praxis zeigt, dass alles, was Sie innerhalb von 72 Stunden ins Handeln bringen, eine über 90-prozentige Wahrscheinlichkeit auf Erfolg hat. Je länger Sie mit der Umsetzung Ihres Vorhabens warten, desto geringer ist die Wahrscheinlichkeit auf Erfolg. Natürlich können Sie Ihre Projekte und Ziele für gewöhnlich nicht in den ersten 72 Stunden abschließen, aber Sie können den Grundstein, den ersten Schritt dazu legen.

TIPP: Wenn Sie dieses Buch lesen, legen Sie sich einen Kugelschreiber zurecht. Wenn Sie meinen, dass Ihnen unsere Praxistipps weiterhelfen könnten, erstellen Sie sofort einen Umsetzungsplan. Sie können gerne unser Zielformular im Anhang auf Seite 155 nutzen.

Josef Mohr und ich möchten Sie im Rahmen dieses Buches bestärken, Ihre Lebensweise zu überdenken und gegebenenfalls zu verändern. Wenn Sie das Optimum aus diesem Buch herausholen möchten, hinterfragen Sie ehrlich Ihre Gewohnheiten und lösen Sie sich von gesundheitsschädlichen Mustern.
Vertrauen Sie uns, auch wenn Ihnen manche Strategien etwas ungewöhnlich vorkommen mögen. Probieren Sie, spüren Sie nach und finden Sie heraus, was Ihnen wirklich guttut. Entscheiden Sie dann, was Sie gleich belassen oder was Sie verändern möchten. Vertrauen Sie Ihrer Intuition! Lassen Sie sich von alten und neuen Methoden inspirieren und denken Sie immer daran: „Nur das Tun verändert das Sein!"

Manager und Spitzensportler:
Ein Leben am Limit

Ein Termin jagt den nächsten, ständig klingelt das Telefon und die tägliche Aufgabenliste ist lang. Für Pausen gibt es keine Zeit und das Essen erledigt er nebenbei, gilt es doch, ein florierendes Unternehmen mit 1.100 Mitarbeitern zu führen.

Sein Arbeitseinsatz lohnt sich. Der Umsatz seiner Firma erreicht knapp 200 Millionen Euro und zu Hause wartet seine Familie im Traumhaus mit Pool und Garten. Seine täglichen Belastungen sind enorm hoch und gelegentlich treten Symptome wie Schlafstörungen, Herzrasen und Schwindelgefühle auf. Als Führungskraft und Unternehmer hat er aber keine Zeit, sich über diese Anzeichen der Überlastung Gedanken zu machen, schon gar nicht, wenn man erst Mitte zwanzig ist. Die Intervalle, in denen seine Stresssymptome auftreten, werden häufiger, dazu gesellen sich Panikattacken. Was folgt, ist ein Spießrutenlauf von Arzt zu Arzt. Doch die gewünschte Besserung tritt nicht ein. Werner Gröbl, ein erfolgreicher Unternehmer, der mit 19 Jahren die Firma Gröbl Möbel von seinem Vater übernahm, ist am Tiefpunkt angelangt, Burnout!

Mit dieser Erfahrung ist der Grazer Top-Unternehmer Werner Gröbl nicht allein. Viele Menschen, die sich für ihr Unternehmen aufopfern und ständig an ihre Grenzen gehen, ohne für entsprechenden Ausgleich zu sorgen, gefährden im höchsten Maße ihre Gesundheit. Sie zahlen zumeist einen hohen Preis für die langfristige Vernachlässigung ihrer Bedürfnisse.

Betrachtet man die aktuellen Statistiken, so zählen psychische Erkrankungen und Erkrankungen des Bewegungsapparates nicht von ungefähr zu den häufigsten Ursachen der Arbeitsunfähigkeit. In meinen Coachings und Seminaren erlebe ich, dass die täglichen Belastungen berufstätiger Menschen kontinuierlich steigen. Die Gründe dafür und die dadurch vermehrt auftretenden mentalen und physischen Knock-outs sind vielfältig. So steigt der Druck durch Umsatz- und Zielvorgaben kontinuierlich an, die Fehlertoleranz wird immer geringer, und im Vergleich zu früher ist die Arbeitswelt viel schnelllebiger. Dazu kommt, dass wir dank moderner Kommunikationsmittel wie E-Mail und Handy rund um die Uhr erreichbar sind, selbst am Wochenende und im Urlaub. „Arbeitserleichterungen" wie Flexibilisierung der Anwesenheitszeiten, Arbeit im Homeoffice sowie Internet und Mobiltelefon verstärken noch zusehends die Arbeitspräsenz. Die zeitliche und räumliche Abgrenzung von Arbeit und Freizeit verschwimmt damit zusehends, was nicht zwangsläufig eine Verbesserung der Arbeits- und Lebensqualität bedeutet. Die Arbeit wird dadurch zwar erleichtert, aber nicht weniger. Die wichtige arbeitsfreie Zeit wird immer weiter reduziert.

Ausreichend Zeit für Regeneration ist kaum mehr gegeben. Berufstätige sind dadurch immer mehr gefährdet, dass ihre beruflichen Belastungen überhandnehmen. Aber nicht nur arbeitsbedingte Faktoren belasten uns. Auch persönliche Faktoren wie Perfektionismus, zu hohe Ansprüche an uns selbst, fehlende oder unrealistische Ziele, aber auch fehlende Wahrnehmung von Überlastungssymptomen tragen langfristig zur Überforderung bei. Psychische Knock-outs infolge hoher Belastungen sind heute nicht mehr nur alleinige Angelegenheit von Managern in der Wirtschaft. Belastungsbedingte psychische Erkrankungen finden wir bei Mitarbeitern in allen Berufssparten. Im Hochleistungssport wurden psychische Probleme von Athleten – bedingt durch hohe Anforderungen – meist wie ein großes Geheimnis gehütet. Zu groß ist die Gefahr für den Sportler, dass er durch öffentliche Outings wirtschaftlichen Schaden erleidet. Gerade im Sport ist der Erfolgs- und

Leistungsdruck durch Vereine, Medien und Zuschauer besonders groß. Spitzensportler stehen permanent unter Beobachtung der Öffentlichkeit.

Eine sehr brisante Studie der deutschen Sporthilfe vom Jänner 2013 offenbart, dass von 1.100 befragten deutschen Athleten 9,6 Prozent unter Essstörungen und 9,3 Prozent unter Depressionen leiden. 11,4 Prozent der Befragten glauben, bei sich Burnout-Symptome zu erkennen. Darüber hinaus führt der riesengroße Druck, der auf ihnen lastet, auch zu Fehlverhalten wie Doping oder Wettkampfmanipulation.

In den Blickpunkt der Öffentlichkeit gerieten psychische Probleme von Sportlern erstmals 2004, als sich Ex-Skispringer Sven Hannawald ein Jahr nach seinem Karrierehöhepunkt zu seinen mentalen Erschöpfungszuständen bekannte. 2007 erregte Fußball-Profi Sebastian Deisler die Aufmerksamkeit der Öffentlichkeit, als er erschöpfungsbedingt zurücktrat. Auch Schalke-Trainer Ralf Rangnick und der Ex-Teamchef der deutschen Fußballnationalmannschaft Jürgen Klinsmann gaben an, „ausgebrannt und leer" zu sein. Trauriger Höhepunkt war der tragische Tod von Robert Enke, Torhüter der deutschen Fußballnationalmannschaft. Offizielle Ursache für den Freitod von Robert Enke: Depression. Die deutsche Tormannlegende Oliver Kahn schrieb folgerichtig, dass Ruhm, Erfolgs-, Konkurrenz- und Öffentlichkeitsdruck, permanente Abwesenheit von der eigenen Familie, Verletzungen sowie auch die enormen körperlichen Anstrengungen für hohe mentale und körperliche Belastungen sorgen, denen viele Leistungssportler nicht gewachsen sind.

Vergleicht man nun die Faktoren, die zur Entstehung von Erkrankungen, insbesondere von psychischen Störungen führen, erkennen wir, dass es zwischen Wirtschaft und Leistungssport kaum Unterschiede gibt. In beiden Bereichen führen der große Druck und die hohen Anforderungen zu chronischer Überlastung und Erkrankungen. Im schlimmsten Fall bedeutet das für Sportler und Berufstätige das Karriereende.

Der große Druck und die hohen Belastungen sind heute im Spitzensport und in der Wirtschaft allgegenwärtig. Natürlich kann und darf man zwischenzeitlich auch an seine persönlichen Grenzen der Belastbarkeit gehen, ohne deswegen gleich Gefahr zu laufen auszubrennen. Man muss aber akzeptieren, dass man sich nicht dauerhaft an seinen individuellen Leistungsgrenzen bewegen kann, ohne dass es langfristig zu Leistungseinbußen und Erkrankungen kommt. Uns allen steht nur ein gewisses Maß an Energie zu Verfügung. Erschöpfen wir unsere körperlichen und geistigen Ressourcen, bleiben unsere Gesundheit und Begeisterung auf der Strecke. Nur wenn wir es schaffen, langfristig die Balance zwischen Anspannung und Entspannung aufrechtzuerhalten, finden wir Lebensfreude und vermeiden körperliche und geistige Erschöpfung. Die Entscheidung, wie lange Sie auf Kosten Ihrer Ressourcen arbeiten und sich diesem Druck permanent aussetzen, obliegt nur Ihnen selbst. Sie müssen sich aber bewusst sein, dass Sie Ihrem Unternehmen und Ihren Mitarbeitern und vor allem sich selbst gegenüber eine große Verantwortung tragen. Ein wichtiger Schlüssel zur langfristigen Gesundheit und Lebensbalance liegt daher in Ihrer Selbstverantwortung.

Die vorrangige Aufgabe von Führungskräften ist es, sich um die eigene Energie zu kümmern, und dann die Energie anderer nutzbar zu machen.
Peter Drucker

Eines ist sicher: Die beruflichen Belastungen und Herausforderungen werden zukünftig eher steigen. Die immer schneller wechselnden Arbeitsbedingungen erfordern daher ein hohes Maß an mentaler und körperlicher Fitness.

Interview mit Werner Gröbl, Unternehmer und Ex-Rennfahrer

Du bist heute erfolgreicher Unternehmer und hattest darüber hinaus mit 22 Jahren ein Burnout oder wie vom Arzt diagnostiziert eine „psychosomatische Störung".
Wie ist es dazu gekommen?

Auslöser waren viele verschiedene Faktoren. Ich habe unerwartet mit 19 Jahren das Familienunternehmen übernommen. Ich war ausschließlich auf das Unternehmen fokussiert, habe alles für meine beruflichen Ziele gegeben. Alle Tätigkeiten waren auf das Unternehmen ausgerichtet. Ich hatte keine privaten Hobbys, denn meine Firma war mein Hobby. In Folge habe ich meine privaten Beziehungen vernachlässigt und hatte keinen Ausgleich durch außerberufliche Aktivitäten. Ich habe mich damit richtig isoliert. So komisch das auch klingen mag, ein Grund war auch mein ständiges „nur positives Denken". Das hat dazu geführt, dass ich verschiedenste Dinge, darunter auch Ängste, verdrängt habe. Irgendwann hat sich dann meine Sichtweise gedreht. Auf einmal war alles nur mehr negativ.

Welche Auswirkungen auf körperlicher und geistiger Ebene waren für dich spürbar?

Ich hatte bis zu drei Mal pro Tag Schwindelanfälle. Das hat so weit geführt, dass ich mich nicht mehr hinter das Steuer meines Autos zu setzen traute. Auch Herzrasen, Ängste, die ich nicht zuordnen konnte, Panikattacken, Schlafstörungen und Schweißausbrüche traten auf.

Wie hat dein persönlicher Weg aus dem Burnout heraus ausgesehen?

Zuerst einmal war mir mein Netzwerk sehr behilflich. Ich hatte im richtigen Moment die richtigen Freunde. Speziell mein Rechtsanwalt gab mir einen entscheidenden Tipp. Er schenkte mir ein Buch von Joki Kirschner mit dem Titel „Hilf dir selbst, sonst hilft dir keiner!" Damit habe ich erkannt, dass es nur an mir selbst liegt, meine Probleme zu lösen. Davor bin von Arzt zu Arzt gelaufen, um mir helfen zu lassen. Mir wurde zuerst zu niedriger, später zu hoher Blutdruck diagnostiziert, auch das Amalgam in den Zähnen wurde als Auslöser für meine Beschwerden in Betracht gezogen. Erst das Buch gab mir aber den entscheidenden Anstoß, mein Leben zu überdenken. Da war auch die Ernährung ein Thema, die ich dann, genauso wie mein Leben, Schritt für Schritt umgestellt habe. Ich habe durch das Buch erkannt, dass ich „meines eigenen Schicksals Schmid" bin.

Führungskräfte stehen permanent unter Erfolgszwang. Was kann deiner Ansicht nach eine Führungskraft in Bezug auf den Umgang mit diesem enormen Leistungsdruck von dir als ehemaligem Burnout-Betroffenen lernen?

Natürlich hat man in der Wirtschaft immer großen Erfolgsdruck und das ist auch gut so. Wenn ich eine Führungskraft bin, muss mir klar sein, dass die Anforderungen höher sind. Jede Führungskraft sollte sich daher die Frage stellen, ob sie „eigentlich" führen will. Ich kenne Führungskräfte, die ein Burnout bekommen haben, weil sie „eigentlich" gar nicht diese Rolle ausüben wollten. Will ich führen, komme ich auch mit dem Druck besser zurecht.

Du warst selbst Leistungssportler und Rennfahrer. Welche Strategien des Spitzensports können deiner Ansicht nach Führungskräfte in Bezug auf Burnout-Prävention konkret nutzen?
Im Prinzip alle. Selbst zwischen Möbelhandel und Motorsport gibt es, provokant ausgedrückt, keinen Unterscheid. Motorsport ist kein Einzelsport, auch wenn es manche glauben, sondern ein Teamsport. Ich muss wie in der Wirtschaft ein gutes Netzwerk haben. Die Kommunikation zwischen Mechaniker, Fahrer und allen Beteiligten muss passen. In der Wirtschaft ist es nicht anders.

Eine Sportlerkarriere ist neben den Siegen genauso von Niederlagen geprägt. Wie gehst du persönlich mit Niederlagen um?
Im ersten Moment habe ich natürlich keine Freude mit Niederlagen. Aber wenn ich meine Niederlagen analysiere, lerne ich daraus. Die Niederlagen, die am meisten schmerzen, haben schlussendlich den größten Lerneffekt. Wichtig ist, dass ich den anderen keine Schuld für die Niederlage gebe, sondern meinen eigenen Anteil erkenne. Ein Beispiel aus dem Motorsport: Wenn ich bei einem Rennen nach einem Reifenplatzer dem Reifentechniker oder der Reifenfirma die Schuld gebe, bringt es mich nicht weiter. Lerne ich aber daraus, alle Zeichen richtig zu deuten, die auf einen defekten Reifen hinweisen, verläuft mein Rennen mit Sicherheit anders. Statt zu einem Unfall kommt es dann beispielsweise nur zu einem zusätzlichen Reifenwechsel.

Von Führungskräften hört man häufig, dass sie keine Zeit haben, sich um ihre Gesundheit zu kümmern. Was hältst du persönlich von dieser Aussage?
Das halte ich persönlich, speziell nach meinen Erfahrungen, für einen Blödsinn. Besonders wenn mir der Körper Zeichen gibt, etwas zu tun, muss ich diese wahrnehmen und handeln. Sonst muss ich mit den entsprechenden Konsequenzen rechnen. Auf keinen Fall darf ich meine eigenen Bedürfnisse vernachlässigen.

Wie regenerierst du dich bzw. wie schaltest du ab?
Abschalten ist für mich sicher das Schwierigste, vor allem, wenn ich wie jetzt mit meinem großen Wohnprojekt sehr beschäftigt bin. Ich habe aber gut gelernt, mit meinen Anforderungen zurechtzukommen. Generell versuche ich, lösungsorientiert zu denken, mache Ausgleichssport und regeneriere mich mithilfe von autogenem Training. Eine große Kraftquelle für mich ist Teneriffa, wo wir eine kleine, aber feine Appartementanlage besitzen. Dort gehe ich jeden Tag laufen und genieße die Sauna.

Was bedeutet Erfolg für dich?
Erfolg setzt sich aus mehreren Teilen zusammen. Für mich bedeutet Erfolg, als Unternehmer natürlich auch Gewinn zu machen, allerdings für alle Beteiligten. So sollte es nicht nur mir gut gehen, sondern auch unseren Mitarbeitern, den Kunden und Partnern und schlussendlich der Familie.

Interview mit Jörg Löhr, Persönlichkeitstrainer, ehemaliges Mitglied des deutschen Handballnationalteams

Du warst ein exzellenter Handballer und bist nun auch erfolgreicher Unternehmer. Was kann deiner Meinung nach eine Führungskraft, die beruflich erfolgreich sein möchte, von einem Spitzensportler lernen?

Top-Athleten und Menschen, die beruflich sehr erfolgreich sind, haben vieles gemeinsam. Wenn man sich intensiv mit ihren Erfolgsstorys beschäftigt, offenbaren sich einige spannende, parallele Erfolgsgrundsätze. Diese Strategien kann prinzipiell jeder für sich nutzen. So ist es zum Beispiel äußerst wichtig, das eigene Spielfeld zu finden und das eigene Potenzial genau zu kennen und Stärken zu kultivieren. Wichtig sind aber auch klare, attraktive Ziele. Neben Leidenschaft gehören auch Disziplin, Ausdauer und Teamgeist zu den Erfolgsfaktoren.

Spitzensportler stehen unter enormem Erfolgsdruck, genauso wie Führungskräfte, die „Ergebnisse" liefern müssen. Was kann deiner Ansicht nach eine Führungskraft in Bezug auf den Umgang mit diesem enormen Leistungsdruck von erfolgreichen Spitzensportlern lernen?

Wie jemand mit Druck umgeht, das hängt natürlich immer ein bisschen von dem individuellen Typ ab. Tatsächlich gibt es Menschen, die Druck brauchen, um sich selbst zu Höchstleistungen zu beflügeln. Und dann gibt es welche, die werden unter Druck richtig nervös. Wichtig ist immer ein konstruktiver Umgang mit Stress. Sich nicht von anderen beirren zu lassen. Angemessene Ventile zu suchen, um auch mal Druck abzulassen. Eine gute Strategie ist es, schwierige Situationen in Gedanken durchzuspielen – bis zu ihrem erfolgreichen Ende. Wichtig ist das Zielfoto im Kopf. Man kann das eigene Unterbewusstsein mit positiven Bildern füttern und daraus Kraft ziehen.

Eine Sportlerkarriere ist neben Siegen genauso von Niederlagen geprägt. Wie gehen Top-Athleten mit Niederlagen um? Können Führungskräfte die gleichen Strategien im Umgang mit beruflichen Rückschlägen nutzen?

Niederlagen müssen analysiert und verarbeitet werden. Das gilt im Leistungssport genauso wie im beruflichen Leben. Tröstlich ist: Fast alle, die oben stehen und Erfolge feiern, haben auf ihrem Weg dorthin schon bittere Niederlagen einstecken müssen. Das müssen wir uns in schwierigen Situationen immer mal wieder ins Gedächtnis rufen. Echte Champions zeichnen sich dadurch aus, dass sie aus diesen Rückschlägen lernen. Und auch im Job tun wir gut daran, aus Misserfolgen zu lernen, sie als Chance zur Weiterentwicklung zu nutzen.

Welche Prinzipien bzw. Strategien des Spitzensports können deiner Ansicht nach Führungskräfte in Bezug auf Burnout-Vermeidung konkret nutzen?

Kein Top-Athlet käme je auf den Gedanken, das ganze Jahr durchzupowern. Ganz einfach, weil ihm klar ist, dass auf Phasen großer Anspannung immer auch Phasen der Entspannung folgen müssen. Im Berufsleben aber erlebe ich es ganz oft, dass sich Menschen über einen langen Zeitraum verausgaben. Irgendwann sind die Akkus dann so leer, dass eine Zwangspause unvermeidlich ist. Wichtig ist es aus meiner Sicht, von vornherein beides einzuplanen: Anspannung und Entspannung. Das gilt es bei der Wochen-, aber auch bei der Jahresplanung zu berücksichtigen. Freizeit, Sport, Hobbys, Familie – all das ist wesentlicher Teil eines Terminkalenders. Und wer das Jahr plant, sollte nach besonders wichtigen Ereignissen, Messen, Projektabschlüssen etc. auch gleich die notwendigen Regenerationszeiten einkalkulieren.

Von Top-Führungskräften hört man häufig, sie hätten keine Zeit, sich um ihre Gesundheit zu kümmern. Was hältst du persönlich von dieser Aussage?

Wer an der Spitze eines großen Unternehmens steht, trägt immens viel Verantwortung. Er verdient deutlich mehr als der Durchschnitt und zahlt dafür letztlich auch häufig einen Preis: weniger Freizeit. Doch auch ein Top-Manager ist ein Mensch und kein Perpetuum mobile. Wer das eigene Energiekonto stets belastet, aber nur selten auffüllt, der läuft – je nach Motivation und Konstitution – früher oder später leer. Auch Top-Manager sollten auf gute Ernährung, ausreichend Schlaf und Bewegung achten, letztlich nicht nur aus persönlichen, sondern auch aus ökonomischen Gründen. Die Leistungsfähigkeit der Führungsriege ist eine wichtige Ressource und entscheidend für ein Unternehmen.

Stress und Burnout
Stress – Plage oder Würze unseres Lebens?

Erinnern Sie sich noch, wie Sie das erste Mal eine Präsentation vor Ihren Arbeitskollegen oder Kunden halten mussten oder an die Minuten kurz vor einem wichtigen Verhandlungsgespräch? Was haben Sie in dieser Situation gespürt und gefühlt? Angst, Unsicherheit, Nervosität, ein flaues Gefühl im Magen oder vielleicht Vorfreude? Ich weiß es noch ganz genau. Vor meinem ersten Vortrag waren meine Nerven fast zum Zerreißen gespannt. Meine Anspannung war so hoch, dass ich am liebsten das Weite gesucht hätte. Obwohl ich mich intensiv auf diese Situation vorbereitet hatte, war meine Nervosität doch spürbar groß. Dann der Moment, als ich ange-kündigt wurde und auf die Bühne ging. Wow, was für ein überwältigendes Gefühl. Und siehe da, alles verlief so, wie ich es mir zuvor immer wieder in meiner Vorstellung ausgemalt hat-te. Ich war voll im Flow und mit meiner Auf-merksamkeit zu hundert Prozent im Hier und Jetzt.

> **Individuelle Reaktionen auf Aufgaben, Anforderungen, Situationen oder Belastun-gen bezeichnen wir als Stress!**

Ähnlich wie mir vor meinem Vortrag, geht es auch Sportlern vor dem Start eines Wettkampfes und mit Sicherheit auch allen anderen Menschen kurz vor einem bedeutenden Ereignis. Um es noch einmal zu betonen, nur „ähnlich" wie mir, denn jeder Mensch reagiert ganz individuell auf Belastungen.

Diese individuelle Reaktion auf alle täglichen Aufgaben, Anforderungen, Situationen oder anders ausgedrückt „Belastungen" bezeichnen wir präzise definiert als Stress!

Der Begriff Stress wird heute zumeist falsch interpretiert. Unsere täglichen Aufgaben, Projekte, Mitbewerber am Arbeitsmarkt, Lärm, Verkehr und viele weitere berufliche und private Belastun-gen werden mit Stress gleichgesetzt. Dabei wird aber die Ursache mit der Wirkung verwechselt. Wie oft bekommt man auch auf die Frage „Wie geht es dir?" die Antwort „Ich bin so gestresst." Meine Seminarteilnehmer erzählen mir, dass ihre Arbeit, ihr Chef und die Kollegen sie stressen. Ja, selbst die Freizeit ist für sie Stress. Auch von meiner zehnjährigen Tochter habe ich schon ge-hört: „Wie soll ich das nur schaffen, die Schule ist so ein Stress." Doch aus wissenschaftlicher Sicht sind die hier zitierten Belastungen und Reize nur die Auslöser von Stress. Stress selbst ist unsere individuelle Antwort auf diese An-forderungen.

> **Aus wissenschaftlicher Sicht sind Belastungen und Reize nur die Auslöser von Stress. Stress selbst ist die Antwort auf diese Anforderungen.**

Doch Stress ist auch wichtig. Ich bin froh, Stress zu haben, denn ohne Stress wäre ich nicht hier, sondern gut gelagert in einer braunen Kiste etwa zwei Meter unter der Erdoberflä-che. Viele Menschen sehnen sich nach einem stressfreien Leben, einem Leben ohne Zeitdruck, ohne Termine und Arbeit. Ich kann Ihnen garantieren, ein Leben ohne Stress kann genauso ge-sundheitsbedrohlich sein. Manche Menschen werden schon zu Beginn ihres Urlaubs krank. Die abrupte Veränderung der Lebensumstände ist eine stressproduzierende Belastung, auch wenn es abrupt ruhig wird. Das erklärt auch, warum zahlreiche hochaktive und stark belastete Menschen in den ersten Tagen ihres Urlaubs einen Herzinfarkt bekommen. Es dauert einige Zeit, bis sich der Körper auf ein stressärmeres Leben umgestellt hat.

Der ursprüngliche Sinn des Stressmechanismus

Stress ist ein lebensnotwendiges, im Stammhirn verankertes Programm, das unseren Organismus in die Lage versetzt, auf Gefahren und lebensbedrohliche Situationen mit Kampf oder Flucht zu reagieren. Die Wissenschaft bezeichnet dies auch als „Fight or Flight"-Reaktion.

Sobald unser Gehirn Gefahr und Lebensbedrohung registriert, wird reflexartig das vegetative Nervensystem aktiviert. Der Körper wird in wenigen Sekunden in einen Alarmzustand versetzt, um auf die Gefahr hin entsprechend handeln zu können – eben mit Kampf oder Flucht. Beide Verhaltensweisen brauchen viel Energie. Also werden unsere Energiereserven schnellstmöglich mobilisiert, die Muskeln werden verstärkt angespannt und durchblutet, alle Körpervorgänge, die nicht benötigt werden, werden heruntergefahren.

> **Stress ist ein lebensnotwendiges, im Stammhirn verankertes Programm, das unseren Organismus in die Lage versetzt, auf Gefahren und lebensbedrohliche Situationen mit Kampf oder Flucht zu reagieren.**

Findet kein körperlicher Kampf und keine Fluchtreaktion statt, werden die ausgeschütteten Stresshormone nur langsam abgebaut und wirken schwächend auf das Immunsystem. Um dauerhaft gesund zu bleiben, müssen wir also dafür sorgen, dass die für die „Fight or Flight"-Reaktion

erzeugte Energie körperlich so rasch als möglich wieder abgebaut wird, damit sich der Körper wieder erholen kann. Besondere Vorsicht ist geboten, wenn man die Belastungen, die ursprünglich eine Alarmreaktion auslösten, nicht loswird und diese chronisch werden.

Guter und schlechter Stress oder, anders formuliert, erfolgreicher und erfolgloser Stress

Guter und schlechter Stress unterscheiden sich im Allgemeinen nicht durch die Intensität der Belastung, sondern vielmehr darin, dass dem guten Stress eine bewältigbare Herausforderung zugrundeliegt. Schlechter Stress resultiert hingegen aus Reizen, die wir als nicht schaffbar interpretieren. Univ.-Prof. Dr. Sepp Porta bezeichnet guten Stress auch als erfolgreichen Stress, da es sich hier um eine erfolgreiche Reaktion unseres Organismus handelt, mit der man eine Belastung wieder loswird.

> Gutem Stress liegt eine bewältigbare Herausforderung zugrunde, schlechter Stress resultiert aus Reizen, die wir als nicht schaffbar interpretieren.

Wie hoch Ihr persönlicher Stress tatsächlich ist, hängt immer von der Dosis der Belastung ab, wobei die Dosis immer das Produkt aus Intensität und Zeit ist.

Stellen Sie sich vor, Sie werden jahrelang von einem Kollegen oder einer Kollegin mit unterschwelligen Anspielungen gemobbt. Die Konzentration der Belastung (Mobbing) ist zwar im Anlassfall sehr gering, erfolgt das Mobbing aber über mehrere Jahre, kann Ihr persönlicher Schaden trotzdem sehr groß sein. Genauso kann aber auch eine kurzfristige hohe Belastung eine starke Stressreaktion auslösen und großen Schaden verursachen.

Das Streben unseres Organismus nach Balance

Ein grundsätzliches Streben unseres Organismus ist es, alle Belastungen und Reize, vor allem die unangenehmen, wieder auszugleichen, also zu kompensieren. Das gelingt uns manchmal besser, manchmal schlechter. Diese Kompensationsreaktion oder, anders ausgedrückt, der Stress kann nun zu hoch, zu nieder oder auch normal sein, wobei der „normale" Stress eher der seltene Fall ist. Ist unser Stress zu hoch, sprechen wir von Überkompensation, ist der Stress zu nieder, bezeichnen wir diese Reaktion als Unterkompensation. Die Herstellung eines dynamischen Gleichgewichts ist immer mit Energieaufwand verbunden.

Eine Überkompensation, also eine Überreaktion auf eine Belastung, kommt im Alltag ständig vor. Machen wir ein Beispiel: Sie warten auf eine dringende Lieferung eines Ersatzteiles, den Sie für Ihre Produktion brauchen. Nachdem die Lieferzeit bereits überschritten ist, rufen Sie Ihren Lieferanten an, der Ihnen zu Ihrem Missfallen mitteilt, dass er vergessen hat, den von Ihnen angeforderten Ersatzteil für Sie zu bestellen. Ihre Reaktion? Fürchterlicher Ärger – eine überzogene emotionale Reaktion, die genau betrachtet für unser Überleben schlichtweg nicht notwendig ist und unserem Organismus

> Ist unser Stress zu hoch, sprechen wir von Überkompensation, ist der Stress zu nieder, sprechen wir von Unterkompensation.

in dieser Situation nur unnötig viel Energie kostet. Das bedeutet aber nicht, dass eine Überreaktion generell eine Energieverschwendung darstellt. Im Alltag ständig wiederkehrende geringe Belastungen werden fast immer durch eine leichte Überkompensation geregelt, womit sich Körper und Psyche auf die nächste Belastung vorbereiten und zukünftigen Stress automatisch vermindern. Nur wenn Sie ständig stark übersensibel reagieren und Ihre Belastungen chronisch werden, laufen Sie Gefahr, Ihre Ressourcen zu erschöpfen. Dann haben Sie auch keine Kraft zur hilfreichen Überkompensation mehr.

> **Ständig wiederkehrende geringe Belastungen werden durch eine leichte Überkompensation geregelt, womit sich Körper und Psyche auf die nächste Belastung vorbereiten und zukünftigen Stress automatisch vermindern.**

Sind Ihre Energiereserven erschöpft, kommt es schlussendlich zur Unterkompensation. Diese Form von Stress kommt leider sehr häufig vor. Ist Ihre Reaktion auf eine Belastung zu gering und schaffen Sie es deshalb nicht, diese wieder wegzubekommen, sprechen wir von einer Unterkompensation oder von zu geringem Stress. Der Grund des Scheiterns ist also ein zu geringer Energieeinsatz. Die Herstellung eines dynamischen Gleichgewichts ist für uns aber absolut lebensnotwendig und rechtfertigt somit fast jeden Energieaufwand. Warum aber stellt der Organismus für diesen lebenswichtigen Prozess zu wenig Energie zur Verfügung? Die Gründe sind eine Erschöpfung unserer Energiereserven oder ein zu langsamer Zugriff auf diese Reserven, beides meist Folgen von chronischem Stress.

> **Sind Ihre Energiereserven erschöpft, kommt es zur Unterkompensation.**
>
> **Der Grund des Scheiterns ist ein zu geringer Energieeinsatz.**

Die Folgen von (chronischem) Stress

Belastungen oder Herausforderungen haben laut Untersuchungen von Sepp Porta unterschied-lichste Auswirkungen. So kommt es zur erhöhten Ausschüttung von Stresshormonen, allen vo-ran Adrenalin und Noradrenalin. Diese lebenswichtigen Hormone sorgen für einen stärkeren Energieumsatz, der auch für eine sinnvoll eingesetzte Kampf- und Fluchtreaktion vonnöten ist.

Der erhöhte Energieumsatz führt wiederum zu einer Überproduktion von freien Fett- oder Milchsäuren. Aufgabe unseres Körpers ist es nun, diese Säuren so schnell als möglich zu neutralisieren und aus dem Blut wieder abzu-transportieren. Das gelingt unserem Körper zum Beispiel durch schnellere Atmung.

> **Der erhöhte Energieumsatz führt zu einer Überproduktion von freien Fett- oder Milchsäuren.**

Werden die psychischen Belastungen chronisch und somit auch der Stress, wird es für den Kör-per auf Dauer immer schwieriger, diese Säuren abzutransportieren. Stressbelastete Personen weisen häufig auch einen erhöhten Zuckerumsatz auf. Hier kommt wieder das Stresshormon Adrenalin ins Spiel, das aufgrund von erhöhten Belastungen ausgeschüttet wird. Adrenalin sorgt unter anderem dafür, dass unsere Leber mehr Zucker, vor allem für das Hirn und für akuten Muskeleinsatz, zur Verfügung stellt. Weil wir aber heute fast nur mehr sitzen und kaum Gelegen-heit haben, den Stress durch Bewegung abzubauen, bleibt der aus der Leber freigesetzte Zucker länger im Blut.

Nachdem chronische psychische Belastungen unsere körperliche Leistungsfähigkeit vermin-dern, können wir umgekehrt durch ein gut do-siertes Bewegungsprogramm den Organismus auf zukünftige psychische Belastungen, die ja heute in der Regel unsere Hauptbelastungsfak-toren darstellen, gut vorbereiten.

> **Stressbelastete Personen weisen häufig auch einen erhöhten Zuckerumsatz auf.**

Burnout – Eine unmittelbare Folge von zu wenig Stress?

Nach Sepp Porta ist eine Erschöpfung, nennen wir sie nun ganz frech „Burnout", die Folge einer Unterkompensation bzw. dauernder erfolgloser Versuche, eine Belastung loszuwerden. Die Ursache für Burnout ist demnach paradoxerweise zu geringer Stress. Das klingt zwar provokativ und bedeutet auch nicht, dass Burnout-Patienten zu faul sind oder zu wenig arbeiten. Das Burnout-Syndrom entsteht dadurch, weil der Mensch aufgrund von Erschöpfung über zu wenig Energie verfügt, die er gegen seine Belastungen einsetzen kann. Und damit beginnt ein Teufelskreis. Die Belastungen und der daraus resultierende Stress werden chronisch. Chronischer Stress verbraucht wieder viel zu viel Energie, die dem Burnout-Gefährdeten für andere lebensnotwendige Vorgänge wie beispielsweise die Immunabwehr, die Verdauung oder auch für die Fortpflanzung fehlen. Das hat wieder zur Folge, dass der Mensch krankheitsanfälliger wird und bald aufgrund des Energiemangels auch die leichtesten alltäglichen Anforderungen nicht mehr bewältigen kann.

> **Die Ursache für Burnout ist paradoxerweise zu geringer Stress.**

Wer darf mit einem Burnout-Syndrom rechnen?

Krankheiten sind immer nur ein Signal, dass man einen Lernprozess zu absolvieren hat, die Aufforderung, etwas im Leben zu ändern, eine Warnung, dass der derzeitige Weg nicht sinnvoll ist.
Renate und Eckhard Moog, Coachs und Mediziner

Sämtliche chronische Belastungen können für uns zur Gefahr werden, weil sie chronischen Stress erzeugen. Die lebensnotwendige Wiederherstellung unseres Gleichgewichts ist immer mit Energieaufwand verbunden und kann im Extremfall unsere Energiereserven erschöpfen. Führungskräfte, Manager und Unternehmer oder überhaupt „Kopfarbeiter" sind oft nicht in der Lage, nach absolvierter Arbeit ihre verdiente Freizeit zu genießen und für die notwendige Erholung zu sorgen. Von der Arbeit weg bis in den Schlaf werden sie von ihren Projekten, Aufgaben und Kunden verfolgt und sind ständig mit erhöhter Motordrehzahl unterwegs, die wiederum ihre Energiereserven stärker beanspruchen.

> **Das Burnout-Syndrom entsteht, weil der Mensch aufgrund von Erschöpfung über zu wenig Energie verfügt, die er gegen seine Belastungen einsetzen kann.**

Doch wie jeder mit seinen Aufgaben und dem täglichen Druck umgeht, hängt ganz von seinen persönlichen Voraussetzungen ab, wie beispielsweise seiner Einstellung zu sich, zu anderen oder auch zu seiner Arbeit, auch von Belastbarkeit und Erfahrungen, von vorhandenen Ressourcen und natürlich auch vom persönlichen Verantwortungsgefühl.

Frühsignale des Burnout-Syndroms erkennen

In meinen Seminaren und Coachings mache ich immer wieder die Erfahrung, dass die Teilnehmer und Klienten aufgrund der unterschiedlichen Definitionen, beschriebenen Phasenverläufen und Tests sehr verunsichert sind, ob sie nun gefährdet sind oder vielleicht schon ein Burnout haben? Ganz wichtig ist daher, dass die konkreten Frühsignale eines drohenden Burnouts erkannt werden und auf die Belastungszeichen geachtet wird. Besondere Vorsicht ist geboten, wenn Sie folgende Symptome, Erkrankungen und Verhaltensweisen an sich erkennen:

1. Mentale Symptome: Verwirrung, Verlust der Kreativität, Konzentrationsschwierigkeiten, ständiges Gedankenkreisen, Vergesslichkeit, Motivationsschwierigkeiten, Lustlosigkeit, Antriebslosigkeit, Zunahme der Fehlerhäufigkeit bei Routinearbeiten, Schwierigkeiten, Probleme zu lösen

2. Emotionale Symptome: Durchgehend negative Gedanken und Emotionen, Gefühle von Sinnlosigkeit, Selbstzweifel und vermindertes Selbstwertgefühl, Nervosität, häufig auftretende Gereiztheit und Aggressivität, Stimmungsschwankungen, Misstrauen, Angst und Panikattacken, die zum Teil nicht begründet werden können, innere Leere.

3. Körperliche Symptome: Zunehmende Infekt- und Krankheitsanfälligkeit bedingt durch ein geschwächtes Immunsystem, rasche Erschöpfung bei geringen körperlichen Belastungen, Veränderung der Atmung in Richtung „hecheln", chronische Müdigkeit, Ein- und Durchschlafstörungen, Kopfschmerzen, Verdauungsprobleme, Tinnitus, Schwindel, Herz-Kreislauf-Störungen, Herzrasen, Herzrhythmusstörungen, Bluthochdruck, Nachlassen der Libido, Zähneknirschen, geringer Magnesium- und Kalziumspiegel, Blutübersäuerung.

4. Ungewohnte Verhaltensweisen und soziale Störungen: Vorwurfsvoller Ton Familienmitgliedern und Kollegen gegenüber, Vernachlässigung von Freundschaften und der eigenen Beziehung, eingeschränkte Kommunikation mit dem privaten und beruflichen Umfeld, sozialer Rückzug, Verlust der Empathie, Suchtverhalten, wie Alkohol-, Drogen- oder Medikamentenmissbrauch, zuerst Hyperaktivität und danach verringertes Engagement.

Burnout, was nun?

Anstatt also Patienten mit Medikamenten zu füttern, sollte man ihnen zunächst einmal klarmachen, dass die Überspannungen, von denen sie heimgesucht werden, aus ihnen selbst und ihrer Lebensweise erwachsen.
Edmund Jacobsen, Arzt und Psychologe, Begründer der Progressiven Muskelentspannung

Wenn Sie sich bereits ein Burnout „erarbeitet" haben, wenden Sie sich bitte an spezialisierte Ärzte und Therapeuten Ihres Vertrauens. Die therapeutischen Möglichkeiten sind vielfältig und einen einheitlichen Weg gibt es bis heute nicht. Zu unterschiedlich sind die Persönlichkeiten und Lebensumstände der betroffenen Menschen.

Das Märchen von der Work-Life-Balance

Immer wieder wird „Work-Life-Balance" als wichtige Voraussetzung zu Erhaltung der Gesundheit und zur Vermeidung von Burnout genannt. Bei diesem Modell gilt es, den Bereich „work" (Arbeit) und „life" (Leben) ausgeglichen zu halten. Wenn Vielbeschäftigte acht Stunden und mehr arbeiten und ihnen somit nur wenig Zeit für das „Leben" bzw. die Freizeit bleibt, wie soll dann die Balance zwischen diesen beiden Lebensbereichen gelingen? Und findet Arbeit wirklich außerhalb unseres Lebens statt? In welchem Teil, also Work oder Life, soll unsere Selbstverwirklichung und Sinnerfüllung nun stattfinden? Ausschließlich außerhalb der Arbeit, nur in unserer Freizeit?

Bei einem meiner Vorträge fragte mich einmal die Moderatorin, ob mich meine Arbeit denn auch „stressen würde". Sie tut es nicht, weil ich meine Arbeit liebe, weil sie mich erfüllt. Arbeit ist für mich weder negativ noch etwas, was außerhalb meines Lebens stattfindet. Work-Life–Balance suggeriert uns aber, dass Arbeit böse und das Leben bzw. die Freizeit etwas Gutes ist.

Häufig leidet man daran, dass man zwar viel Arbeit, aber keine Aufgabe hat.
Helmut Walters (1930–1985), deutscher Schriftsteller

Wir brauchen eine Arbeit und berufliche Aufgaben, die im Einklang mit uns als Person stehen, also mit unserer Vision, unseren Zielen, Werten und Stärken. Eine Arbeit, die uns erfüllt, ist eine der wichtigsten Voraussetzungen, um nicht ins Burnout zu schlittern. Wenn Sie Ihre Arbeit glücklich und zufrieden macht, brauchen Sie keine Work-Life-Balance. Natürlich, wenn Sie über mehrere Jahre hinweg täglich zwölf Stunden Ihrem Traumjob nachgehen, dann wird Ihnen diese Verhaltensweise auch ein Burnout bescheren. Um langfristig gesund zu bleiben, bedarf es daher, neben einer Arbeit, die im Einklang mit Ihnen als Person steht, eines ausgewogenen Verhältnisses zwischen Belastung und Erholung und nicht eine Balance zwischen „Work" und „Life".

> **Um langfristig gesund zu bleiben, muss das Verhältnis zwischen Belastung und Erholung ausgewogen sein.**

Und genau das belegen auch die Erkenntnisse von Sepp Porta, die sagen, „dass kommende Belastungen viel erfolgreicher bewältigt werden können, wenn man sich vorher Zeit nimmt, um – im Sinne der Überkompensation – Pufferkapazitäten gegen vorhersehbare Beanspruchungen anzulegen".

Die moderne Medizin und die Stressforschung bestätigen damit, dass ausgewählte Methoden des Spitzensports, Entspannungstechniken, Bewegung und eine vernünftige Ernährung besonders gut geeignet sind, um uns an zukünftige Stress auslösende Belastungen anzupassen und das Fundament der Gesundheit zu festigen.

Interview mit Univ.-Prof. Dr. Sepp Porta, Endokrinologe, Stressforscher

Sehr geehrter Herr Professor Porta, wie definieren Sie Stress?

Von allen Seiten hört man, ich bin im Stress, aber das stimmt in dieser Form nicht. Sehr präzise ausgedrückt, müsste ich sagen, ich stehe unter Druck. Wenn ich unter Druck stehe, bin ich belastet, und unsere individuelle Reaktion auf diese Belastung bezeichnet man als Stress. Generell versuchen wir, unsere Belastungen durch eine angemessene Stressreaktion wieder loszuwerden. Nun gibt es zwei Möglichkeiten, entweder es gelingt uns oder es gelingt uns nicht. Demzufolge können wir auch sagen, es gibt erfolgreichen und erfolglosen Stress. Erfolgreicher Stress ist eine erfolgreiche Reaktion, mit der ich meine Belastung wieder loswerde. Erfolgloser Stress ist hingegen eine erfolglose Reaktion, das heißt, die Belastung bleibt bestehen.

Wann wird Stress für den Menschen gefährlich?

Gefährlich wird es für uns, wenn wir die Belastungen, aus denen unser Stress resultiert, nicht loswerden. Wenn wir uns permanent verausgaben, verbrauchen wir viel Energie. Irgendwann ist dann der Zeitpunkt erreicht, dass unsere Energiereserven erschöpft sind. Dann sind wir nicht mehr in der Lage, adäquat auf unsere Belastungen zu reagieren, auch wenn diese sehr gering sind.

Wie kommt es Ihrer Ansicht nach zum Burnout-Syndrom?

Burnout ist eine Folge von chronischen Belastungen. Genau genommen haben Menschen, die ein Burnout bekommen, zu wenig Stress. Das bedeutet, dass sie nicht mehr über ausreichend Energie verfügen, um auf ihre Belastungen erfolgreich reagieren zu können.

Wie können wir effektiv unsere Belastungen reduzieren?

Eine sehr gute Möglichkeit, um unsere Belastungen zu reduzieren, ist die Bewegung. Dadurch wird auch unser individueller Stress geringer, weil wir die Reaktionen trainieren. Ich empfehle ein dezentes, ehrgeizloses, gut dosiertes Bewegungsprogramm für den Belastungsabbau.

Was sollten aus Ihrer Sicht Führungskräfte tun, um ein Burnout zu vermeiden?

Eine ausgezeichnete Möglichkeit, ein Burnout zu vermeiden, ist, richtige Pausen zu machen. Wenn es uns gelingt, im Laufe des Tages, bevor wir noch erschöpft sind, Pausen einzulegen, erhalten wir langfristig unsere Leistungsfähigkeit. Speziell Frauen in Führungspositionen neigen dazu, keine Pausen zu machen, weil sie glauben, dass sie sich die nicht leisten können. Hier spielt vor allem ihr Ehrgeiz in der meist männlichen Umwelt eine große Rolle. Schwierig wird es auch, wenn Führungskräfte Pausen für ihre Mitarbeiter nicht dulden. Wir müssen uns aber bewusst sein, dass wir, um hohe Qualität zu produzieren, im Vollbesitz unserer körperlichen und geistigen Kräfte sein müssen – und dazu brauchen wir Pausen. Wir können von einem erschöpften, gehetzten Menschen keine hohe Qualität der Arbeit verlangen und auch nicht erwarten. Wie beim Kaugummiautomaten können wir unsere gesamte Leistung nur portionsweise abrufen.

Was empfehlen Sie Burnout-Patienten?

Der richtige Weg zurück in die Normalität ist, dass der Burnout-Patient einen Arzt seines Vertrauens aufsucht, der ihn eventuell medikamentös unterstützt. Das Medikament sollte aber so schnell als möglich wieder abgesetzt werden, wenn der Betroffene langsam wieder die Freude an der Verantwortung zurückgewinnt. Burnout-Patienten zeichnen sich nämlich unter anderem dadurch aus, dass sie die Verantwortung für sich, aber auch für andere Menschen nicht mehr wahrnehmen können. Bei der Rehabilitation ist ein Therapeut sehr hilfreich.

Welche Rolle spielt Magnesium bei der Burnout-Prävention?

Magnesium ist ein wahres Wundermittel, wenn es einem daran mangelt. Zusätzliche Magnesiumgabe ist deshalb nur dann indiziert, wenn der Magnesiumstatus schlecht ist. Menschen, die ständig an ihre Grenzen gehen und über ihre Kräfte arbeiten, haben in den meisten Fällen einen Elektrolytmangel, insbesondere Magnesiummangel. Wir haben in unseren Untersuchungen festgestellt, dass es keinen Burnout-Patienten gibt, der genügend Elektrolyte hat. Besonders der Magnesium- und Kalziumhaushalt ist sehr angegriffen. Magnesium schmiert sozusagen unsere Energiezylinder und sorgt dafür, dass der Kolben besser läuft und wir somit weniger Sprit verbrauchen. Magnesiummangel beeinträchtigt besonders den Energietransport.

Was können aus Ihrer Sicht Führungskräfte von Spitzensportlern lernen?

Die Spitzensportler sind es gewohnt, ihre meist akute Leistungsfähigkeit zu überprüfen. Die chronische Belastung von Führungskräften unterliegt einer weit unauffälligeren und deswegen gefährlicheren Abnutzung. Trotzdem sind die Reaktionen eines Spitzensportlers auf Übertraining und Überbeanspruchung fast eins zu eins auf die eines Managers übertragbar. Dass heißt, ein Manager sollte sich mit den Trainingssystemen eines vernünftigen Spitzensportlers auseinandersetzen. Speziell die Regenerationsmethoden der Sportler sind für Führungskräfte interessant.

Vital durch das Feuer – die BusinessVital-Methode

Fragt man einen erfolgreichen Athleten, was er erreichen möchte, bekommt man in der Regel Antworten wie: „Ich will Europameister, Olympiasieger oder nationaler Meister werden." Oder: „Ich möchte in meiner Disziplin einen Weltrekord aufstellen." Spitzensportler, die auf der Erfolgsleiter ganz oben stehen, haben Visionen und zeichnen sich durch Zielklarheit aus. Abgeleitet von ihrer Vision definieren sie ihre sportlichen Ziele. Mithilfe ihrer Trainer erstellen sie einen individuellen Trainingsplan. Mit konsequentem Training, eiserner Disziplin und Ausdauer wird der Plan Schritt für Schritt bis zur Erreichung des Ziels umgesetzt. Erfolgreiche Sportler lieben ihren Sport und zeigen bei dem, was sie tun, absolute Begeisterung. Selbst Verletzungen und Rückschläge bringen Top-Athleten nicht von ihrem Weg ab. Niederlagen werden analysiert, abgehakt und als Erfahrung zur Weiterentwicklung gesehen. Neben ihrem tiefen Glauben an sich selbst, ihrem Bewusstsein, dass sie ihre Vision erreichen werden, verfügen Spitzensportler auch über einen ausgeprägten Optimismus, der ihnen die Sicherheit gibt, dass auch schwierige Phasen, wie nach Verletzungen oder Erfolgslosigkeit, in ihrer Karriere wieder vorbeigehen. Sie sind in der Lage, ihre Gedanken und Emotionen zielgerichtet zu steuern und den großen Erfolgsdruck auszublenden, um sich im entscheidenden Moment auf das Wesentliche zu konzentrieren. Darüber hinaus haben sie ein intaktes und unterstützendes soziales Umfeld. Vorausgesetzt, dass Sportler über das notwendige Talent verfügen und in der Lage sind, aus ihrem Talent mit dem richtigen Hintergrundwissen und eisernem Willen ihre Stärken zu entwickeln, werden sie nach entsprechender Trainingszeit und natürlich mit dem Quäntchen Glück mit sportlichen Erfolgen und Ruhm belohnt.

Was Spitzensportler und Shaolin-Mönche besonders von vielen berufstätigen Menschen unterscheidet, ist, dass sie penibel auf ihren Körper achten. Körperliches Training ist für sie selbstverständlich. Sie achten ganz genau darauf, was über die Ernährung in ihren Körper kommt. Darüber hinaus verfügen sie über ein perfektes Energiemanagement. Mönche und Athleten sind dank ihrer Trainingsmethoden nicht nur ausgezeichnet trainiert, sie wissen auch, dass sie sich nach ihren Belastungen wieder mental und körperlich regenerieren müssen, um ihren Energieverlust wieder auszugleichen.

Die BusinessVital-Methode

Fasst man die hier erwähnten Erfolgsstrategien und die Erkenntnisse eines intelligenten Energiemanagements zusammen, ergeben sich im Wesentlichen drei energiebringende Säulen, die es zu stärken gilt, wenn man seine Belastungen reduzieren, die Lebensqualität steigern und die körperlichen und geistigen Ressourcen erhalten möchte.

Alle drei Säulen werden auf Basis der Erkenntnisse des Spitzensports, der Lebens- und Denkprinzipien der Shaolin-Mönche, der Medizin und der BRAINKINETIK – der von Josef Mohr entwickelten Gehirnintegrationstechnik – gestärkt. Wenn alle drei Bereiche miteinander harmonieren, ist die Basis für Ihre Gesundheit und Ihren Erfolg gegeben. So können Sie gesteckte Ziele und persönliche Erfolge erreichen, Ihre Gesundheit festigen und Ihre Lebensqualität nachhaltig steigern, ohne Ihre Energien nutzlos zu verschwenden bzw. Raubbau an Körper oder Seele zu betreiben. Die BusinessVital-Methode ist praktisch erfahrbares, vielfach erprobtes und im Alltag leicht einsetzbares Wissen. In der Folge erfahren Sie, wie Sie diese drei Säulen für sich stärken und nutzen können.

Mentale Stärke

Die Strategien der Shaolin-Mönche

Sie kennen sicher die Bilder eines in sich ruhenden Shaolin-Mönches, bevor er spielend eine Eisenstange auf seinem Kopf zertrümmert oder seine Kehle zwei stählernen Speerspitzen widersteht. Shaolin-Mönche sind in der Lage, per Hand eine Nadel durch eine Glasscheibe zu jagen. Und das alles scheinbar ohne große Anstrengung und vor allem, ohne sich zu verletzen. Shaolin-Mönche zeigen, was ein Mensch imstande ist zu leisten. Sie sind für viele Menschen der Inbegriff für mentale und körperliche Stärke.

Als Führungskraft oder Unternehmer müssen Sie selbstverständlich nicht diese unglaublichen Fähigkeiten haben und sich zur Demonstration Ihrer Führungsqualitäten in einer Vorstandssitzung eine Eisenstange auf Ihrem Kopf zerschlagen. Sehr wohl aber können Sie diese Fähigkeiten selbst zu einem gewissen Teil erwerben, wenn Sie dazu unterschiedliche Übungen für Ihren Körper und Geist durchführen. Entwickeln Sie nur einen Teil dieser Kraft, können Sie diese im Sinne Ihrer Gesundheit zielführend einsetzen.

In vielen interessanten Stunden, die ich mich mit Gerhard Conzelmann und Shi Yan Yan verbringen durfte, erhielt ich einen kleinen Einblick in die Lebensprinzipien und das Training der Shaolin-Mönche. Ihr Training berücksichtigt die Zusammenhänge von Geist und Körper und folgt einer jahrtausendealten Lehre. Das Geheimnis ihrer unvorstellbaren Fähigkeiten und Kraft basiert in erster Linie auf ihrem Bewusstsein, ihrem Denken und der Fähigkeit, ihre Energie zielgerichtet zu steuern und zu bündeln. Diese Fähigkeiten entwickeln die Mönche durch ein umfangreiches geistiges und körperliches Training. Das geistige Training basiert auf unterschiedlichen Meditationstechniken. Das körperliche Training umfasst Methoden wie Kung Fu, Qigong oder Tai Chi. Shaolin-Mönche achten besonders auf eine ausgewogene Ernährung und Regeneration. In der Folge beschränke ich mich im Wesentlichen auf die **Fähigkeit der Gedankenkontrolle, das Prinzip der Achtsamkeit** und auf **Ba Duan Jin,** einer besonderen Form des Shaolin-Qigongs. Ich bin der Ansicht, dass diese Methoden wichtig sind, um mentale Stärke aufzubauen und Burnout aktiv vorzubeugen.

> **Das Training berücksichtigt die Zusammenhänge von Geist und Körper.**

Die Macht der Gedanken

Mit unseren Gedanken formen wir die Welt.
Buddha

Eines der größten Geheimnisse der Shaolin-Mönche und gleichzeitig auch einer der Gründe für ihre beeindruckende Kraft ist die Art und Weise, wie sie ihr Bewusstsein und ihre Gedanken steuern. Shaolin-Mönche wissen, dass ihr Denken und die daraus resultierenden Emotionen ihnen Kraft geben oder sie auch schwächen können. Unsere Gedanken, unsere Emotionen und unsere Überzeugungen haben einen erheblichen Einfluss auf unser körperliches und geistiges Wohlbefinden, sie beeinflussen entscheidend unser Leben. Wenn Sie mentale Stärke aufbauen möchten, sollten Sie sich der Macht Ihrer Gedanken bewusst sein.

> Shaolin-Mönche wissen, dass Denken und Emotionen ihnen Kraft geben oder auch schwächen können.

Was sind Gedanken?

Laut dem Physiker Gerhard Conzelmann sind Gedanken pure Energie. Gedanken und Gefühle erzeugen immer spezifische Energiewellen. Das bedeutet, dass unsere Gedanken und Gefühle auch konkrete Auswirkungen haben. So gesehen sind sie Ursachen, und auf jede Ursache folgt nach dem Gesetz der Natur eine Wirkung. Sie glauben mir das nicht?

Machen Sie bitte folgendes Experiment:

Besorgen Sie sich zwei Kleiderbügel aus Draht. Sie können natürlich auch einen handelsüblichen Draht in der gleichen Stärke nehmen.
Entflechten Sie die Enden der Kleiderbügel oder bearbeiten Sie die Bügel mit einer Zange so, dass Sie zwei gleich lange, gerade Drähte haben. Biegen Sie diese dann zu einer L-Form, wobei der lange Teil 30 cm und der kurze Teil ca. 12 cm lang sein soll. Schneiden Sie nun zwei Plastikhalme so zu, dass sie genau auf den Griff (12 cm langer Teil) passen. Der Draht muss sich im Strohhalm ungehindert bewegen können. Halten Sie nun die L-förmigen Drähte wie zwei Revolver auf Brusthöhe ca. 25 cm vor dem Körper hoch.
Warten Sie einen Moment, bis sich die Stäbe nicht mehr bewegen und geradeaus zeigen. Richten Sie nun Ihren Blick geradeaus und stellen Sie sich so intensiv wie möglich einen Ihrer absoluten Glücksmomente in Ihrem Leben vor. Versuchen Sie, diese intensiven Gefühle nachzuempfinden, die Sie erlebt haben. Die Stäbe werden sich nach kurzer Weile wie von Geisterhand nach außen bewegen.
Jetzt denken Sie an eine äußerst unangenehme, negative Situation, in der Sie sich einmal befunden haben. Was geschieht nun? Die Spitzen der Stäbe bewegen sich je nach Intensität Ihrer Vorstellung nach innen und ziehen sich an.
Wie ich Ihnen schon vorher gesagt habe, Ihre Gedanken sind pure Energie. Denken Sie an ein angenehmes Ereignis, bewegen sich die Stäbe nach außen, da sich Ihr Energiefeld wegen Ihres positiven Energieflusses ausdehnt. Bei negativen Gedanken drehen sich die Spitzen, aufgrund

der negativen Frequenz, die Sie durch die unangenehmen Gedanken und Gefühle erzeugen, nach innen. Die Drähte folgen somit immer den elektromagnetischen Bändern, von denen Ihr Körper umgeben ist.

Richten Sie nun den Blick wieder geradeaus, aber konzentrieren Sie sich auf einen Gegenstand, der sich links oder rechts von Ihnen befindet. Sie werden sehen, dass die Spitzen der Stäbe langsam wieder Ihrer Aufmerksamkeit folgen. Ihre Energie folgt immer Ihrer Aufmerksamkeit!

Medizinische Untersuchungen zeigen, dass unser Gehirn, in Abhängigkeit unserer Gedanken, bestimmte chemische Substanzen erzeugt. Das Gehirn schüttet bei positiver Denkweise Hormone wie Serotonin, Oxytocin und Dopamin aus – Sie fühlen sich augenblicklich besser. Negative Gedanken hingegen bewirken die Ausschüttung von Stresshormonen wie Adrenalin und Noradrenalin. Unsere Gedanken bestimmen also unsere Gefühle und umgekehrt bestimmen unsere Gefühle unsere Gedanken. So erzeugen positive Gedanken Gefühle wie Freude, Lust, Zuversicht, Vertrauen, Liebe und Glück und negative Gedanken erzeugen Gefühle wie Angst, Wut, Neid, Ärger und Zorn. Gedanken und Gefühle beeinflussen wiederum unser Verhalten.

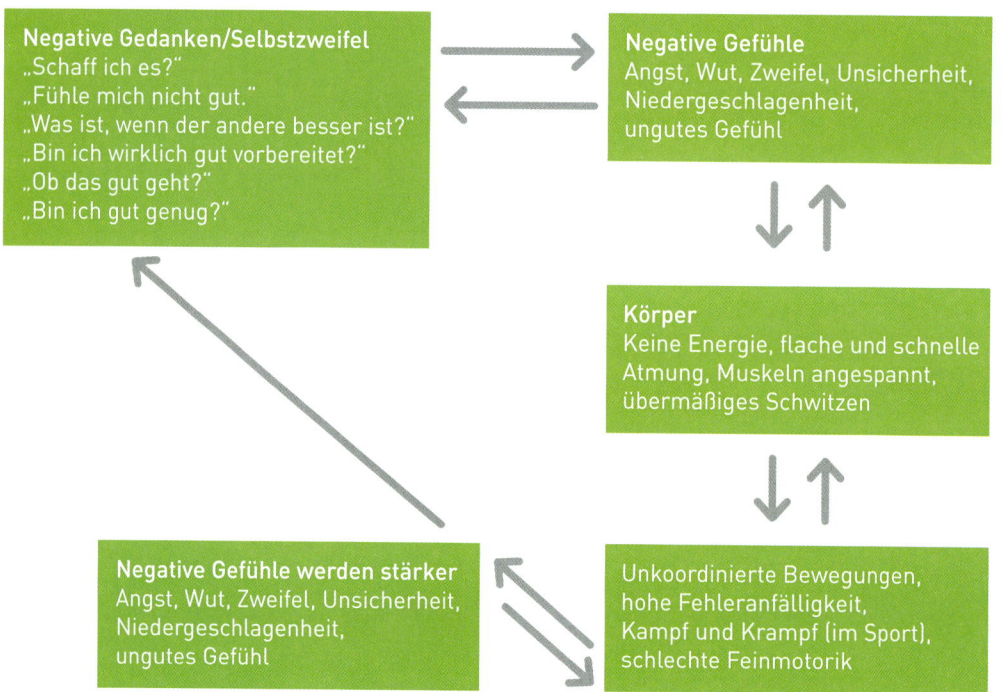

1. Gedankenexperiment

Schießen Sie Ihre Augen und denken Sie mit allen Sinnen an eine Situation, die Ihnen Angst bereitet, oder an eine vergangene Situation, in der Sie einmal etwas Unangenehmes erlebt haben. Was fühlen Sie dabei? Spüren Sie es? Ihre negativen Gedanken erzeugen unangenehme Gefühle. Und das Erstaunliche dabei ist, dass es unserem Gehirn völlig egal ist, ob Sie diese Situation wirklich erlebt, erfunden oder ob es eine in der Zukunft stattfindende Situation ist. Unser Gehirn kann nämlich zwischen Fantasie und Realität nicht unterscheiden.

2. Gedankenexperiment

Schießen Sie wieder Ihre Augen und stellen Sie sich mit allen Sinnen Ihren größten Glücksmoment vor. Wie geht es Ihnen nach dieser Vorstellung? Was fühlen Sie? Sicher stellt sich jetzt bei Ihnen ein Zustand des Wohlbefindens ein.

Untersuchungen zeigen, dass positive Gedanken einen günstigen Einfluss auf unser Immunsystem und somit auf unsere Abwehrkräfte haben. Negative Gedanken schwächen unsere Abwehrkräfte. Shaolin-Mönche haben verinnerlicht, dass negative Gedanken sie schwächen und ihnen Energie kosten. Deswegen vermeiden sie auch tunlichst diese Form des Denkens.

> **Positive Gedanken haben einen günstigen Einfluss auf unser Immunsystem und somit auf unsere Abwehrkräfte. Negative Gedanken schwächen unsere Abwehrkräfte.**

„Gefühle sind im Körper materialisierte Gedanken."
Gerald Hüther, deutscher Neurobiologe

Vital durch das Feuer

Die Kraft unserer Gedanken und Überzeugungen

Welche Auswirkungen unsere Gedanken und Überzeugungen auf unseren Körper haben, zeigt eine 2002 im New England Journal of Medicine veröffentlichte Studie der Baylor School of Medicine. Die Studie überwachte Patienten mit schweren Knieschmerzen, die sich operieren lassen wollten. Der Operateur, Bruce Mosely, wollte herausfinden, welche Art von Operation seinen Patienten am besten half. Er teilte die Patienten in drei Gruppen auf. In der ersten Gruppe wurde den Patienten der Knorpel abgeschliffen, während in der zweiten Gruppe das Gelenk gespült und damit alles Material entfernt wurde, das eine Entzündung verursachen könnte. Die dritte Gruppe wurde nur zum Schein operiert. Die Patienten wurden betäubt, es wurden die Schnitte am Knie gemacht und der Arzt tat so, als ob er tatsächlich die ganze Operation durchführen würde. Nach 40 Minuten nähte Mosely die Schnitte wieder zu.

Alle drei Gruppen erhielten die gleiche postoperative Behandlung, die auch Gymnastik umfasste. Das Ergebnis war beeindruckend. Allen drei Gruppen ging es am Ende gleich gut. Die Patienten der Placebo-Gruppe konnten nachher wieder alle Aktivitäten durchführen, die vor der OP nicht mehr möglich waren. Ähnliche Ergebnisse gibt es auch bei Untersuchungen mit Antidepressiva. Auch hier hat

> **Negative Gedanken haben negative Auswirkungen und können unsere Gesundheit erheblich schädigen. Diesen Effekt bezeichnet man als Nocebo-Effekt.**

man festgestellt, dass Gruppen, die das Placebo eingenommen haben, sich nach der Einnahme genauso gut fühlten wie die Patienten, die das richtige Medikament bekamen.

Wenn wir nun wissen, dass wir mit Unterstützung unseres Geistes Selbstheilungskräfte aktivieren können und unsere Gedanken und Überzeugungen maßgeblich unseren Körper beeinflussen, dann sollte uns bewusst sein, dass auch entsprechende negative Gedanken negative Auswirkungen haben und unsere Gesundheit im erheblichen Maße schädigen können. Diesen Effekt bezeichnet man als Nocebo-Effekt, was in etwa bedeutet, ich werde schaden. Denken Sie vor allem an diesen Effekt, wenn Sie zum Arzt gehen. Hier wird deutlich, welche Auswirkungen entsprechende Aussagen von Ärzten auf ihre Patienten haben können. Wenn der Arzt sagt, jemand habe nur mehr sechs Monate zu leben, und der Patient glauben seinem Arzt, dann wird es vermutlich auch so sein.

Ein Arzt aus Nashville hatte 1974 bei einem seiner Patienten Speisröhrenkrebs diagnostiziert. Der Patient wurde, wie zu dieser Zeit üblich, mit den damaligen Verfahren behandelt, und es wunderte keinen, dass er wenige Wochen nach der Diagnose starb. Die Überraschung bei der Autopsie war sehr groß, da man nur sehr wenig Krebs in seinem Körper fand, jedenfalls nicht genug, um daran zu sterben. In seiner Leber und Lunge fand man ein paar Flecken, aber man fand keine Spuren von einem Speiseröhrenkrebs, an dem er wie angenommen gestorben war. Unsere positiven und negativen Gedanken und Überzeugungen beeinflussen somit alle Aspekte unseres Lebens.

Henry Ford meinte treffend zu der Macht unseres Geistes:
„Ob du glaubst, du kannst es, oder ob du glaubst, du kannst es nicht – du hast recht."

Also achten Sie bitte zukünftig darauf, worauf Sie Ihre Aufmerksamkeit richten.

Falsch programmiert?

Die meisten von uns haben von Kind an gelernt, die Gedanken auf das zu richten, was falsch ist und was nicht funktioniert.

Untersuchungen zeigen, dass wir uns untertags bis zu 80 % mit negativen Dingen beschäftigen. Und wenn wir vor dem Einschlafen den Tag Revue passieren lassen, dann beschäftigen sich unsere Gedanken zu rund 95 % mit Situationen und Aktivitäten, die wir nicht geschafft oder erledigt haben. Stellen Sie sich vor, Sie haben an einem Tag zehn Kundentermine. Neun davon verlaufen zu Ihrer vollen Zufriedenheit. Ein Kunde beschimpft Sie und der Termin geht in die Hose. Über welchen Kunden sprechen Sie am Abend zu Hause mit Ihrem Partner?

> Richten Sie Ihre Gedanken und Energie auf das, was Sie in Ihr Leben ziehen möchten, und denken Sie in Lösungen.

Viele Menschen denken problemorientiert und zerbrechen sich über Dinge den Kopf, die sie zumeist nicht mehr ändern können, oder sie überlegen sich, was sie nicht mehr haben möchten. Sie machen sich ständig Sorgen über Situationen, die in den meisten Fällen gar nicht eintreten werden. Richten Sie Ihre Gedanken und Energie auf das, was Sie in Ihr Leben ziehen möchten, und denken Sie in Lösungen.

Als Optimist durch die Welt gehen

Ich rate Ihnen im Sinne Ihrer Gesundheit, setzen Sie die rosarote Brille auf und gehen Sie als positiv denkender Mensch und Optimist durch die Welt. Das hilft Ihnen, viele schwierige Situationen und Lebensphasen aus einem anderen Blickwinkel zu betrachten. Positives Denken und Optimismus stärken Ihren Körper und Geist. Natürlich heißt das nicht, dass es nicht auch in Ihrem Leben schwierige Phasen mit Krisen geben kann. Optimismus bedeutet, dass Sie überzeugt davon sind, dass auch die schlimmsten Zeiten in Ihrem Leben wieder vorbeigehen. Richten Sie Ihre Aufmerksamkeit bewusst auf die schönen Seiten des Lebens.

> Setzen Sie die rosarote Brille auf und gehen Sie als positiv denkender Mensch und Optimist durch die Welt.

Gestalten Sie Ihr Leben so, dass Sie glücklich sind, und umgeben Sie sich so gut Sie können mit Menschen, die Sie glücklich machen und nicht mit Personen, die Ihnen Ihre Energie rauben. Wenn Sie glücklich sind, ziehen Sie Positives an. Vergessen Sie bitte nicht, Sie ziehen das an, worauf Sie Ihre Aufmerksamkeit richten, im guten und im schlechten Sinn.

Folgen Sie auf keinen Fall dem Ratschlag Ihrer Mitmenschen, die Augen nicht vor der doch so grausamen Realität zu verschließen. Tun Sie es! Was bringt es Ihnen, wenn Sie sich tagtäglich die negativen Nachrichten in den Medien über Bombenanschläge, Überfälle und Morde in Ihr Bewusstsein ziehen? Denn alle negative Gedanken und Emotionen schwächen Ihren Organismus.

Sie wissen nun, dass energiespendende positive Gedanken und Gefühle zu einem glücklicheren und gesünderen Leben führen und negative Gedanken genau das Gegenteil bewirken. Denn Gedanken sind „Energie" mit gravierenden Auswirkungen auf unseren Körper und unser Leben. Werden Sie sich bewusst: Sie sind der Regisseur Ihres Lebens und der Produzent Ihrer Gedanken und Gefühle.

Kontrolle über die Gedanken erlangen

So wie du denkst, so bist du,
So wie du denkst, so wirst du!
Shaolin-Weisheit

Um mentale Stärke aufzubauen, sollten Sie sich täglich wie die Shaolin-Mönche darin üben, Ihre Gedanken zu kontrollieren, um sie schließlich auch zielgerichtet einsetzen zu können. Gedankenkontrolle setzt voraus, dass Sie sich Ihrer Gedanken bewusst werden.

1. Werden Sie sich Ihrer Gedanken und Gefühle bewusst

Laut Schätzungen der Psychologen gehen uns täglich circa 40.000 bis 60.000 Gedanken durch den Kopf. Daher ist es von großer Bedeutung, dass Sie sich Ihrer Gedanken bewusst werden. Natürlich nehmen wir nicht jeden dieser Gedanken bewusst wahr. Vielmehr findet ein ständiges Hintergrundrauschen statt, das unser Gehirn produziert.

Im Buddhismus wird dieses Grundrauschen als „Monkey Mind" bezeichnet. Monkey Mind, oder übersetzt „Affengeschnatter", bezeichnet unseren pausenlos schnatternden, Gedanken und Meinungen produzierenden Geist, der einfach keine Ruhe geben will. Vergleichbar mit einem Affen, der sich ebenfalls ruhelos von einem Ast zum nächsten schwingt, hin und her und wieder vor und zurück. Genauso ist es mit unseren Gedanken, sie springen permanent hin

> **Monkey Mind, „Affengeschnatter", bezeichnet unseren pausenlos schnatternden, Gedanken produzierenden Geist.**

und her, von der Gegenwart in die Zukunft, von der Zukunft in die Vergangenheit und von der Vergangenheit wieder in die Zukunft. Verhängnisvollerweise bleiben wir sehr häufig bei diesen Gedanken hängen, die mit unseren Problemen und Sorgen zu tun haben. Daraus resultieren wieder negative Gefühle. Und das kostet, wie Sie schon wissen, viel Kraft und Energie. Erkenntnisse aus der Hirnforschung zeigen, dass Gefühle etwa 30 Sekunden nach einem bewertenden Gedanken entstehen und nach 90 Sekunden wieder abgebaut werden. Emotionen entstehen im Gehirn durch biochemische Prozesse, das heißt, Gefühle sind eigentlich nur chemische Verbindungen, die aus bestimmten Hormonen entstehen. Und so wie die Nahrung werden auch diese Hormone im Körper wieder verstoffwechselt. Das bedeutet, dass Emotionen nach einer Weile wieder verschwinden. Bleiben wir aber immer bei den gleichen negativen Gedanken hängen, wie es gerade in Belastungssituationen häufig vorkommt, vereinnahmen uns auch unsere negativen Gefühle länger.

> **Emotionen entstehen im Gehirn durch biochemische Prozesse.**

1. Gedanken beobachten, ohne zu bewerten

Wenn wir negative Gedanken vermeiden möchten, so lehren die Shaolin-Mönche, gilt es, alles aufmerksam zu beobachten, ohne zu bewerten. Und genau das sollten wir tun, wenn es um unsere Gedanken geht. Darin liegt sicher eine der größten Herausforderungen. Haben wir nicht von klein auf gelernt, zu urteilen und zu bewerten? Wir unterscheiden schöne von ängstlichen Gedanken, sympathische von unsympathischen Menschen, schwarz und weiß, gesunde Lebensmittel von schadhaften Nahrungsmitteln, herausfordernde und langweilige Arbeitsaufgaben. Doch genau die Bewertung der Gedanken von alltäglichen Aufgaben, Menschen und Projekten führt bei vielen Menschen zu einer Fehleinschätzung der Situation und in weiterer Folge zu umfassenden Stressreaktionen.

Übung: Sich der Gedanken durch Beobachtung bewusst werden

Führen Sie die Übung sitzend in aufrechter Körperposition durch. Schließen Sie die Augen. Richten Sie Ihre Aufmerksamkeit auf Ihre Gedanken. Beobachten Sie Ihre Gedanken, wie sie kommen und wieder gehen. Nehmen Sie einfach nur die Gedankeninhalte wahr, ohne diese zu bewerten, lassen Sie die Gedanken einfach zu. Verweilen Sie zwei Minuten in dieser Selbstbeobachtung. Wiederholen Sie diese Übung mehrmals täglich für zwei Minuten.

Versuchen Sie auch immer wieder untertags, Ihre Gedanken bewusst wahrzunehmen, im Kaufhaus, beim Autofahren, in Arbeitspausen oder auch an der Kasse beim Supermarkt. So gewinnen Sie Kontrolle über Ihre Denkprozesse und Gefühle. Sie können entscheiden, mit welchen Gedankeninhalten Sie sich auseinandersetzen und welche Sie einfach weiterziehen lassen möchten. Üben Sie konsequent und täglich, denn damit erlangen Sie Kontrolle über Ihre Gedanken und Gefühle und erzeugen innere Stärke.

> **Sie können entscheiden, mit welchen Gedankeninhalten Sie sich auseinandersetzen und welche Sie einfach weiterziehen lassen möchten.**

2. Die Gedanken beruhigen

Sind Sie sich Ihrer Gedanken bewusst, gilt es im nächsten Schritt zu lernen, die Gedanken ruhigzustellen. Sie schaffen das, indem Sie Ihre Aufmerksamkeit weg von den Gedanken auf einen bestimmten Reiz richten. Das kann die Atmung sein oder eine x-beliebige Tätigkeit, in die Sie sich vertiefen. Ziel ist es, dass Sie Ihre Aufmerksamkeit ganz auf eine Sache lenken. Die Shaolin-Mönche nutzen dazu beispielsweise ihre körperlichen und geistigen Übungen, wie Qigong, Kung Fu oder ihre Meditationen.

Unser Atem ist die Brücke von unserem Körper zu unserem Geist.
Thich Nhat Hanh, buddhistischer Mönch, Schriftsteller und Lyriker

Übung: Gedanken beruhigen mit der Atemmeditation

Die folgende Atemmeditation beruhigt nicht nur Ihre Gedanken, sie lenkt auch Ihre Aufmerksamkeit auf den gegenwärtigen Moment. Die Atmung ist ein optimales Konzentrationsobjekt. Sie ist der Spiegel Ihres inneren Zustands und unser ständiger Wegbegleiter. Sind Sie verärgert, ist Ihre Atmung flach, schnell, und die Gedanken rasen. Sind Sie entspannt, fließt Ihre Atmung ruhig und tief, genauso wie die Gedanken immer weniger werden. Sie entwickeln mit täglicher

Übung einen Zustand der Gegenwärtigkeit und entspannten Wachsamkeit, der Sie vor allem in täglichen Belastungssituationen gelassener machen wird. Diesen Zustand der entspannten Wachsamkeit streben Shaolin-Mönche als Grundeinstellung ein.

Setzen Sie sich mit aufrechtem Rücken an die Vorderkante eines Stuhles und stellen Sie Ihre Füße schulterbreit und stabil auf den Boden. Geübte mit beweglichen Hüften und gesunden Knien können auch die klassische Meditationssitzhaltung wählen. Sie können die Augen schließen oder auch einen Spalt geöffnet lassen. Bei geöffneten Augen richten Sie Ihren Blick zwei bis drei Meter nach vorn auf den Boden oder Sie fokussieren einen Punkt auf der Wand. Legen Sie die Hände mit den Handflächen nach oben auf Ihre Oberschenkel.

Richten Sie nun Ihre Aufmerksamkeit nach innen auf Ihre Atmung. Beobachten Sie nur die Ein- und die Ausatmung, ohne die Atemtiefe bewusst zu beeinflussen. Lassen Sie Ihre Atmung genau so, wie sie in diesem Moment ist. Versuchen Sie nicht, den natürlichen Rhythmus zu beeinflussen. Sie werden bemerken, dass sich Ihre Atmung mit fortlaufender Übungsdauer automatisch beruhigt, genauso wie Ihre Gedanken. Achten Sie auf jeden einzelnen Moment während Ihrer Ein- und Ausatmung. Nehmen Sie die Atempausen zwischen der Ein- und Ausatmung wahr und beobachten Sie, wie sich beim Einatmen die Bauchdecke hebt und beim Ausatmen wieder senkt. Gedanken, die zwischendurch auftauchen, nehmen Sie wahr und lassen sie, ohne sie zu bewerten, vorbeiziehen. Verstrickt sich Ihr Geist wieder in einen Gedanken, kehren Sie wieder zu Ihrer Atmung zurück. Ärgern Sie sich nicht, wenn Sie abschweifen, sondern erfreuen Sie sich über diese Momente der Achtsamkeit. Machen Sie sich keinen Zeitdruck und führen Sie die Übung so lange durch, wie Sie sich wohlfühlen. Sie können die Atembeobachtung auf bis zu 45 oder 60 Minuten ausbauen.

Ich empfehle Ihnen, diese Übung täglich vor dem Arbeitsstart durchzuführen. So beginnen Sie Ihren Tag mit einer wunderbaren Gelassenheit.

3. Die Gedanken fokussieren

Wenn Sie gelernt haben, Ihren Geist zu beruhigen und die Gedanken zu kontrollieren, können Sie Ihre gesamte Aufmerksamkeit auf das richten, was im Moment wirklich wesentlich ist.

Was machen Shaolin-Mönche, bevor sie mit voller Wucht eine Eisenstange auf ihrem Kopf in zwei Teile zerschlagen? Sie bündeln und richten ihre Energie genau auf diesen Punkt auf dem Kopf, an dem die Stange zerbricht. Nichts anderes zählt in diesem Moment. So schützen sie sich vor der Wucht des Aufpralls und vor Verletzungen. Wie die Mönche lenken auch erfolgreiche Spitzensportler ihre Gedanken und Energie zu 100 % auf jeden einzelnen Moment im Wettkampf.

Sie müssen weder ein Mönch noch ein Spitzensportler sein. Aber Sie können Ihre Gedanken und somit auch die gesamte positive Energie Ihrer Gedanken auf Ihre Tätigkeiten im gegenwärtigen Moment richten und damit alle störenden Einflüsse ausblenden. Die Konzentration auf das Hier und Jetzt ist ein wichtiger Schlüssel zum Erfolg und bewahrt uns darüber hinaus vor dem energieraubenden Multitasking.

Das Prinzip der Achtsamkeit

Eines der wichtigsten Lebensprinzipien der Shaolin-Mönche ist das Prinzip der Achtsamkeit. Es ist eine Grundvoraussetzung, um uns das von unserem Gehirn produzierte Affengeschnatter bewusst zu machen und zu kontrollieren. Sind wir achtsam, erkennen wir, dass wir selbst die Produzenten unserer positiven und negativen Gedanken und Gefühle sind. Achtsam zu sein bedeutet, sich darüber bewusst zu sein, was in einem selbst und um einen herum in jedem Augenblick passiert. Wir nehmen bewusst unsere Gedanken, Gefühle und Körperempfindungen wahr. Wir achten auf uns selbst und auch auf alles andere, was uns umgibt. Achtsam zu sein bedeutet, im Hier und Jetzt zu sein.

> **Achtsam zu sein bedeutet, sich darüber bewusst zu sein, was in einem selbst und um einen herum in jedem Augenblick passiert.**

Also genau das Gegenteil von dem, was wir in unserer schnelllebigen Zeit praktizieren. Sicher haben Sie beim Autofahren auch schon Strecken zurückgelegt, ohne dass Sie eigentlich wahrgenommen haben, was auf den letzten Kilometern um Sie herum passiert ist. Oder sind Sie nach dem Absperren Ihrer Haustür nicht auch schon ein paar Mal zurückgegangen, um zu kontrollieren, ob Sie auch wirklich die Tür verschlossen haben? Warum? Vermutlich waren Sie mit Ihren Gedanken während des Absperrens schon beim nächsten Termin. Wir sind versucht, ständig mehrere Dinge gleichzeitig zu tun. Wir sind mit unseren Gedanken in der Zukunft, überlegen, was wir noch alles zu erledigen haben, zerbrechen uns den Kopf, was uns alles passieren könnte und schüren damit unnötigerweise unsere Ängste. Oder wir schweben in der Vergangenheit und grübeln darüber, was wir alles besser machen hätten können. Unser Leben findet aber weder in der Vergangenheit noch in der Zukunft statt.

Ein Leben in Leichtigkeit ist für uns nur dann möglich, wenn wir jeden Augenblick unseres Daseins mithilfe von Achtsamkeit bewusst wahrnehmen.

Achtsamkeitstraining

Um das Prinzip der Achtsamkeit nutzen zu können, müssen Sie lernen, sich selbst wahrzunehmen, sich selbst zu spüren. Achtsamkeit setzt also eine gute Wahrnehmungsfähigkeit voraus, die Sie mit einer jahrtausendealten Meditationstechnik, dem Bodyscan, schulen können. Mithilfe des Bodyscans lernen wir, unsere Körperempfindungen bewusst wahrzunehmen und uns im Hier und Jetzt zu verankern. Dadurch verlieren wir uns auch weniger in negativen Gedanken.

Übung: Der Bodyscan/Achtsamkeitstraining

Beim Bodyscan wandert die Aufmerksamkeit von den Zehen bis zum Kopf. Es geht darum, nur das wahrzunehmen, was in den einzelnen Körperregionen in diesem Augenblick da ist. Alle Empfindungen werden mit einer nicht-wertenden urteilsfreien Haltung betrachtet. Versuchen Sie auch nicht, Ihre Empfindungen zu ändern oder einen bestimmten Zustand herzustellen.

> **Achtsamkeit setzt eine gute Wahrnehmungsfähigkeit voraus.**

Ich empfehle Ihnen, die Übung in sitzender Position durchzuführen, da es wichtig ist, dass Sie bei dieser Übung nicht einschlafen.

Die Anleitung zu dieser Übung finden Sie auf der beigelegten CD.

Hinweis: Achtsamkeitsübungen sind besonders wirksame Anti-Ärger-Übungen. Wenn Sie sich ärgern, konzentrieren Sie sich einfach auf die Kontaktstelle zwischen Gesäß und Sessel oder lenken Sie Ihre Aufmerksamkeit auf Ihre Füße und den Kontakt zum Boden. So unterbrechen Sie die automatisch ablaufenden Stressreaktionen. Damit sind Sie nicht mehr im „Stress", sondern in Ihrem Körper. Durch die Konzentration auf Ihren Körper schaffen Sie kurzfristig Abstand von der Ärger- bzw. Belastungssituation. Ihre Gedanken werden klarer und Sie schaffen die Basis, vernünftig zu entscheiden und zu handeln.

Medizinische Wirkung von Achtsamkeitstraining

Aktuelle Studien zeigen, dass es bei Teilnehmern eines achtwöchigen Achtsamkeitsmeditations-kurses bereits zu messbaren Veränderungen in Hirnregionen kommt, die für Gedächtnis, Selbstwahrnehmung, Empathie und Stressre-aktionen zuständig sind. Regelmäßig durch-geführtes Achtsamkeitstraining führt zu einer Zunahme der Dichte der grauen Substanz im Hippocampus, einem Bereich im Gehirn, der Lern- und Gedächtnisprozesse unterstützt. Darüber hinaus führt Meditation zu einer Ver-besserung des psychischen Wohlbefindens, zu einer Abnahme des Stressempfindens und zu einer Reduktion psychosomatischer Symptome. Die Immunabwehr wird gestärkt, der Blut-druck sinkt ,und der Mensch ist gelassener und weniger anfälliger für Stress und Angstreakti-onen. Auf diese Weise hilft sie aktiv, Burnout vorzubeugen. Meditation wirkt im Gehirn wie ein Jungbrunnen und verändert im positiven Sinne die Biologie des Gehirns oder, anders ausgedrückt, unser Geist verändert unseren Körper.

> **Regelmäßig durchgeführtes Achtsam-keitstraining führt zu einer Zunahme der Dichte der grauen Substanz im Hippocampus, einem Bereich im Gehirn, der Lern- und Gedächtnisprozesse unterstützt.**

> **Meditation wirkt im Gehirn wie ein Jungbrunnen.**

Durch Achtsamkeit eigene Stresssignale erkennen

Unser Körper ist ein einzigartiges Frühwarnsystem, das uns schon vorzeitig die Signale ei-ner drohenden Dysbalance mitteilt. Gerade in der Burnout-Prävention und für einen po-sitiven Umgang mit Stress ist das Wahrnehmen, also das Erkennen von Stresssignalen, ein entscheidender Faktor. Sind wir achtsam, nehmen wir unsere Stressreaktionen, wie bei-spielsweise Kopfschmerzen, Verspannungen, Schlafstörungen, als mögliche Hinweise von Überlastung wahr und nicht mehr als „nor-male" Begleiterscheinung in Zeiten vermehr-ter Belastung. Viel zu schnell resultieren aus diesen täglichen Warnsignalen chronische Erkrankungen. Sind Sie sich Ihrer individuel-len Stresssymptome bewusst, können Sie re-aktionsspezifische Gegenmaßnahmen einleiten, die ein Aufschaukeln dieser Stresssymptome verhindern.

> **Kennen Sie Ihre individuellen Stresssymptome, können Sie Gegen-maßnahmen einleiten, die ein Aufschaukeln dieser Stresssymptome verhindern.**

So bekam ich vor einigen Jahren von einem Shaolin-Mönch auf meine Frage, wie er denn einen Tinnitus sehe, folgende Antwort: „Du kannst dir das so vorstellen: Wenn dein Geist ein Pro-blem hat, dann meldet sich dein Körper. Aber wenn du sein Signal nicht hörst bzw. missachtest, dann wird der Ruf deines Körpers so laut, bis du ihn nicht mehr überhören kannst."

Daher gilt es, typische Stresssignale, die auf vier verschiedenen Ebenen sichtbar werden, zu erkennen.

Kognitive Reaktionen

- Gedanken wie:
  „Auch das noch"
  „Das geht schief"
- Leere im Kopf (Blackout)
- Fluchtgedanken
- Konzentrationsmangel
- Gedächtnisstörungen
- Gedankenkarussell

Vegetative Reaktionen

- trockener Mund
- Kloß im Hals, Räuspern
- Herzklopfen/Herzstiche
- Blutdruckanstieg
- flaues Gefühl im Magen
- Übelkeit, Erbrechen
- Schwitzen
- Erröten
- Kurzatmigkeit
- Tränen
- weiche Knie
- Adern treten hervor

Emotionale Reaktionen

- Angst
- Schreck
- Panik
- Nervosität
- Verunsicherung
- Ärger
- Wut
- Gereiztheit
- Versagensgefühle

Muskuläre Reaktionen

- starre Mimik
- Fingertrommeln
- Zittern
- Zähneknirschen
- Schultern hochziehen
- Füße scharren
- Zucken
- Spannungskopfschmerz
- Faust ballen
- Stottern
- verzerrtes Gesicht

Durch Achtsamkeit die eigenen Belastungen identifizieren und reduzieren

Ein achtsamer Umgang mit uns selbst und unserer Umwelt ermöglicht die Wahrnehmung dessen, was uns belastet, was uns über- und unterfordert und somit Energie bringt oder entzieht. Wir lernen dadurch, besser mit unseren Stressoren umzugehen und werden gelassener und entspannter. Die Wahrnehmung dessen, was uns belastet und unsere Batterie auflädt oder leert, ist ein wesentlicher Bestandteil einer stabilen physischen und psychischen Gesundheit.

> **Die Wahrnehmung dessen, was uns belastet und unsere Batterie auflädt oder leert, ist ein wesentlicher Bestandteil einer stabilen physischen und psychischen Gesundheit.**

Übung: Analysieren Sie Ihre persönlichen Belastungen und Stressreaktionen

Schließen Sie zunächst Ihre Augen und überprüfen Sie, welche Gefühle der Gedanke an Ihre tägliche Arbeit bei Ihnen auslöst. Was spüren Sie? Ein Enge-Gefühl in der Brust, Angst, Widerwillen, Langeweile oder ein Gefühl der Freude, der Herausforderung?
Entzieht Ihnen der Gedanke an Ihre tägliche Arbeit Energie oder lädt er Sie mit Energie auf?
Was spüren Sie, wenn Sie an Ihr soziales Umfeld denken, an Ihren Partner, Ihre Familie?
Ein Gefühl des Behagens, der Sicherheit oder spüren Sie wieder Enge und Schwere im Brust- und Bauchbereich?

Bitte analysieren Sie im ersten Schritt, welche beruflichen und privaten Anforderungen, Bedingungen oder Tätigkeiten bei Ihnen zu einer Über- oder Unterforderung führen.

Im zweiten Schritt definieren Sie die Tätigkeiten, die Sie Ihrer Ansicht nach herausfordern und bei denen Sie sich in Ihrer optimalen Leistungszone befinden.

Im dritten Schritt analysieren Sie Ihre individuellen Reaktionen in Bezug auf Ihre Belastungen, die Sie über-, unter- oder herausfordern. Was spüren Sie körperlich? Welches Gefühl haben Sie bei dieser Aktivität? Welche Gedanken gehen Ihnen durch den Kopf?

Meine Aktivität	Kognitive Reaktion	Vegetative Reaktion	Emotionale Reaktion	Muskuläre Reaktion
Aktivitäten, die mich unterfordern				
Aktivitäten, die mich überfordern				
Aktivitäten, die mich herausfordern				

Nachdem Sie Ihre Belastungen analysiert haben, überlegen Sie, wie Sie Schritt für Schritt Ihre Belastungen reduzieren und sich Ihrer Energievampire entledigen und das, was Ihnen Energie bringt, vermehrt in Ihr Leben bringen können.

Achtsam eigene Stärken erkennen und nutzen

Talent ist eine Möglichkeit, Stärke die Umsetzung.
Jörg Löhr, deutscher Ex-Handball-Nationalspieler, Europacup-Sieger,
Erfolgs- und Persönlichkeitstrainer

Achtsamkeit als Werkzeug zur Burnout-Prävention hilft uns zu erkennen, ob das, was wir täglich tun, auch unserem wahren Wesen entspricht. Sind wir achtsam, entdecken wir unsere Stärken und Fähigkeiten. Gerade Burnout-Patienten zeichnen sich häufig dadurch aus, dass sie nicht das tun, was ihren Stärken entspricht. Sind wir uns unserer Stärken bewusst, handeln wir in Belastungs- und Drucksituationen entschlossener und sicherer und stärken darüber

> **Um eine Stärke zu entwickeln, müssen wir zunächst unsere Talente kennen.**

hinaus unser Selbstvertrauen. Jörg Löhr erklärt, dass wir, um eine Stärke zu entwickeln, zunächst unsere Talente kennen müssen. Ein Talent allein reicht aber nicht aus, um erfolgreich zu sein. Um aus einem Talent Stärke zu entwickeln, ist es notwendig, Talente mit fachspezifischem Wissen zu füttern. Durch diszipliniertes und konsequentes Üben wird das Wissen zum Können und daraus entwickelt sich die wahre Stärke.

Stärke = Talent x Wissen x Können x Wollen

Viele Menschen versuchen, ihre Schwächen auszugleichen und diese auf ein gutes Leistungsniveau zu heben. In manchen Fällen ist das auch sinnvoll. Wenn Sie mit englischsprachigen Kunden zu tun haben und Ihre Englischkenntnisse nicht ausreichend sind, ist es natürlich sinnvoll, diese zu verbessern. Oft gehen Sie jedoch mit der Kompensation von Schwächen einen falschen Weg, denn Ihre Pläne konzentrieren sich darauf, Lücken zu schließen und zu reparieren. Daher gilt es, Ihre besonderen Talente und zu entdecken, um sie in weiterer Folge als Stärken zu entwickeln. Denn Sie entwickeln sich am stärksten in diesen Bereichen weiter, die Ihnen leicht von der Hand gehen.

Übung: Stärken/Schwächen erkennen
Schließen Sie Ihre Augen und versuchen Sie, in Bildern zu denken.
Beantworten Sie folgende Fragen:
Was fällt mir leicht?
Was gelingt mir ohne Anstrengung und Mühe sehr gut?
Was macht mir Freude?
Diese Antworten werden Ihre Stärken ergeben. Schreiben Sie bitte Ihre 10 Top-Stärken auf:

Stärken

1. _____

2. _____

3. _____

4. _____

5. _____

6. _____

7. _____

8. _____

9. _____

10. _____

Stärken fördern

Schließen Sie wieder Ihre Augen. Stellen Sie sich bildhaft vor,
was Sie in den nächsten Monaten tun werden, um Ihre Stärken zu fördern.

1. _____

2. _____

3. _____

4. _____

5. _____

6. _____

7. _____

8. _____

9. _____

10. _____

Stärken im Beruf nutzen

1. Welche meiner Stärken werde ich zukünftig beruflich nutzen?
2. In welchem Zukunftsmarkt werden meine Stärken gefragt sein?
3. In welchem Bereich kann ich mit meinen Stärken merklich mehr Nutzen geben als andere?
4. Welchen besonderen Nutzen kann ich anderen Menschen durch meine Stärken geben?
5. Fördere ich meine Stärken oder versuche ich, meine Schwächen auszugleichen?

Stärken im privaten Alltag nutzen

Um ein zufriedenes Leben zu führen, sollten Sie Ihre Stärken auch privat nutzen.
1. Welche meiner Stärken nutze ich im privaten Alltag?
2. Welche meiner Stärken sollte ich zukünftig forcieren?
3. Durch welche meiner Stärken würde mein privates Umfeld profitieren?
4. Woran erkenne ich, dass ich in meinem Privatleben stärkenorientiert lebe?

Mit Achtsamkeit für Glück sorgen und positive Einstellungen aufbauen

Wie schon erwähnt, neigen wir dazu, unsere Aufmerksamkeit zumeist auf das zu richten, was nicht funktioniert, was negativ ist. Das Prinzip der Achtsamkeit lehrt, sich an alltäglichen Situationen und Gegebenheiten zu erfreuen. Denken Sie an Kinder, die mit großer Faszination einen Regenbogen beobachten. Sie freuen sich an den Farben, an der Größe. Oder sie staunen über den kleinen Käfer, der kräftig die Dunkelheit erleuchtet. Erwachsene nehmen diese Situationen nicht mehr bewusst wahr, nehmen sie als selbstverständlich hin. Wie oft erfreuen wir uns noch an einem wunderschönen Sonnenuntergang? Getrieben von den täglichen Anforderungen im Beruf, verlieren wir die Fähigkeit, uns an den schönen Augenblicken des Alltags zu erfreuen. Jeder achtsam wahrgenommene Glücksmoment stärkt unseren Körper und Geist und wirkt sich darüber hinaus positiv auf das Unterbewusstsein aus.

Übung: Glückstagebuch

Notieren Sie jeden Abend in einem schönen Notizbuch Ihre täglichen Glücksmomente. Halten Sie diese Situationen schriftlich fest, in denen Sie etwas Positives geleistet haben und in denen Ihnen etwas gut gelungen ist. Sie werden schon nach wenigen Tagen erkennen, dass Ihnen jeden Tag durchaus viel Gutes passiert

> **Das Prinzip der Achtsamkeit lehrt, sich an alltäglichen Situationen und Gegebenheiten zu erfreuen.**

und dass es keinen Grund gibt, negativ zu sein. Lassen Sie diese positiven Ereignisse täglich vor dem Schlafengehen auch in Ihren Gedanken noch einmal Revue passieren. Damit füttern Sie Ihr Unterbewusstsein mit positiven Erfahrungen, was sich langfristig auf Ihre Denkweise günstig auswirkt.

Achtsamkeit in den Alltag integrieren

Im Folgenden möchte ich Ihnen ein paar Beispiele geben, wie Sie Ihr Alltags- und Arbeitsleben mit Achtsamkeit bereichern können. Achtsames Handeln bringt Ruhe und Klarheit in den Alltag.

Viele berufstätige Menschen kommen im Arbeitsalltag nicht weiter, weil sie ihre Fühler in verschiedenste Richtungen ausstrecken und sich so verzetteln. Dem können Sie bewusst mit Achtsamkeit begegnen. Entscheiden Sie sich gegen Multitasking und widmen Sie Ihre Aufmerksamkeit voll und ganz der jeweiligen Tätigkeit, die Sie in diesem Moment ausführen. Lassen Sie sich nicht ablenken und verfolgen Sie konsequent Ihre primären Ziele.

> **Widmen Sie Ihre Aufmerksamkeit voll und ganz der jeweiligen Tätigkeit, die Sie in diesem Moment ausführen.**

Die tägliche Einnahme unserer Mahlzeiten bietet eine wunderbare Möglichkeit, achtsam zu sein. Wir haben es uns angewöhnt, unsere Mahlzeiten nebenbei zu erledigen. Wenige nehmen sich ausreichend Zeit zu essen. Während der Mahlzeit wird gelesen oder ferngesehen. Versuchen Sie, Ihre Mahlzeiten in Ruhe und ohne Ablenkungen zu genießen. Nehmen Sie sich Zeit, essen Sie vor allem langsam und kauen Sie ausreichend. Sie werden erkennen, dass Sie weniger Nahrung brauchen, weil Ihr Sättigungsgefühl schneller eintritt. Halten Sie vor jeder Mahlzeit für einen kurzen Augenblick inne, danken Sie für das, was auf dem Teller liegt und genießen Sie jede Mahlzeit.

Jede Autofahrt bietet sich für ein Achtsamkeitstraining an. Schalten Sie das Radio aus und widmen Sie sich mit voller Aufmerksamkeit der Fahrt.

Wenn Sie kurze Fußwege zu erledigen haben oder auch spazieren gehen, verringern Sie bewusst das Gehtempo. Nehmen Sie achtsam die Abrollbewegung Ihrer Füße und den Bodenkontakt wahr.

Ba Duan Jin

Ba Duan Jin sind acht besondere Qigong-Übungen, wobei die Übungen des Shaolin-Qigongs außerordentlich bewusstseinsstärkend und gesundheitsfördernd sind. Der Begriff „Qigong" setzt sich aus zwei chinesischen Schriftzeichen zusammen:

Qi = Lebenskraft
Gong = Arbeit

Qigong bedeutet also sinngemäß das Arbeiten mit der Lebenskraft. Gemäß der traditionellen chinesischen Medizin (TCM) fließt das Qi, die Lebenskraft, in Energiebahnen, den sogenannten Meridianen. Den Shaolin-Meistern zufolge wird jeder Mensch mit einem bestimmten Potenzial an Qi geboren. Befinden sich unser Körper, unser Geist und unsere Seele im Einklang, fließt die Lebensenergie in allen Energiebahnen gleichmäßig, und wir sind gesund, fühlen uns wohl und sind zufrieden. Unser Lebensstil, Stress, Ernährung, Viren, Bakterien, Bewegungsmangel oder auch Verletzungen können dieses Grundkapital an Qi erschöpfen. Vor allem negative Gedanken und Emotionen, wie Wut, Ärger, Zorn, Aggression, Eifersucht oder Nervosität, können dazu führen, dass die Meridiane sich an manchen Stellen verengen und der Fluss der Lebenskraft stockt. Dies hat zur Folge, dass an bestimmten Stellen des Körpers zu viel, an anderen Stellen wieder zu wenig Qi zur Verfügung steht. Die langfristigen Folgen sind Krankheiten oder Erschöpfungszustände wie Burnout. Nach Auffassung der TCM müssen ein seelischgeistiges Ungleichgewicht und der Fluss des Qi wiederhergestellt werden, damit eine Heilung möglich ist. Um den Ausgleich wiederherzustellen, bedient sich die TCM unterschiedlichster Therapien, wie Akkupunktur, Verwendung von Heilkräutern oder auch Qigong. Die Übungen des Qigong wurden über Jahrhunderte hinweg speziell dafür entwickelt, den Energiefluss in den Meridianen zu gewährleisten und zu verbessern.

> Qigong bedeutet sinngemäß das Arbeiten mit der Lebenskraft.

Qigong ist eine besondere Methode, um Körper, Geist und Seele in Einklang zu bringen und Beschwerden zu heilen.

Die Shaolin-Mönche bezeichnen Qigong auch als Meditation in Bewegung, weil sie beim Üben ihre Gedanken immer auf die auszuführende Bewegung und die Atmung lenken.

Ba Duan Jin – Acht Energieübungen, so kostbar wie Brokat.

Ba Duan Jin ist also eine Folge von acht Qigong-Übungen. Die Bewegungen des Qigong so sagen die Chinesen, muss man nur fünf Minuten lang lernen, aber ein Leben lang üben. Will man die wirklichen Kräfte des Ba Duan Jin entdecken, ist es unerlässlich, während der Zeit des Übens voll bei der Sache zu sein. Wenn Sie Qigong praktizieren, praktizieren Sie Qigong. Denken Sie nicht an die Arbeit und nicht an den Urlaub, nicht an vorher und nicht an später. Denken Sie an Qigong. Achten Sie auf Ihren Körper und erfühlen Sie die Veränderung. Führen Sie alle Übungen langsam in Ihrem eigenen Rhythmus durch, die Bewegungen in Harmonie mit Ihrer Atmung. Halten Sie auf keinen Fall bei den Übungen die Luft an. Synchronisieren Sie Ihre Ein- und Ausatmung mit den Bewegungen. Je harmonischer Ihre Atmung mit der Bewegung verbunden ist, desto mehr Kraft und Energie entsteht. Stellen Sie sich beim Üben immer genau das vor, was Sie gerade machen. Gehen Ihre Hände nach oben, nutzen Sie Ihre Vorstellungskraft und stellen Sie sich in Gedanken genau vor, wie Ihre Hände nach oben gehen. Wenn Sie gedanklich abschweifen, kommen Sie einfach wieder zur Übung zurück. Wählen Sie eine Zeit zum Üben, in der Sie am leichtesten Ruhe finden. Achten Sie auf bequeme Kleidung und einen gut durchlüfteten Raum. Wenn es für Sie möglich ist, üben Sie in der freien Natur. Üben Sie nicht mit vollem Magen und lassen Sie bis zur nächsten größeren Mahlzeit etwas zeitlichen Abstand. Wie bei vielen anderen Trainingsmethoden spielt beim Üben die Regelmäßigkeit eine wichtige Rolle. Gönnen Sie sich täglich diese 12 bis 15 Minuten, die diese Übungen in Anspruch nehmen.

Auf der beigelegten CD finden Sie die Anleitungen zu diesen Übungen.

Interview mit Dr. Gerhard Conzelmann

Welches Geheimnis steckt hinter den außergewöhnlichen körperlichen und mentalen Fähigkeiten der Shaolin-Mönche?

Ganz allgemein betrachtet basieren alle Fähigkeiten der Shaolin-Mönche auf ihrem Bewusstsein, ihrem Denken und der Fähigkeit der Steuerung der Energie in ihrem Körper sowie der Energieaufnahme von außen.

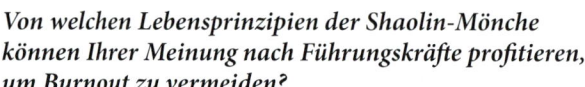

Die Energieaufnahme von außen bezeichnet die Physik als den Zugriff auf das Nullpunktfeld. Das Bewusstsein der Mönche sorgt dafür, dass sie wenige Gedanken haben, die ihnen Energie nehmen.

Die außergewöhnlichen körperlichen Fähigkeiten haben mit ihrem extremen Körpertraining zu tun, zum Teil acht bis zehn Stunden täglich.

Von welchen Lebensprinzipien der Shaolin-Mönche können Ihrer Meinung nach Führungskräfte profitieren, um Burnout zu vermeiden?

Führungskräfte können vom Prinzip der Achtsamkeit sehr viel profitieren. Achtsamkeit setzt Wahrnehmungsfähigkeit voraus. Achtsamkeit bedeutet, bewusst zu erkennen, was ich mir so Tag für Tag antue, wie ich mit mir umgehe und was ich mir so zumute. Der Körper signalisiert uns das in jedem Augenblick. Nur unser Verstand geht darüber hinweg.

Welche Strategien der Shaolin-Mönche helfen Führungskräften, um mit dem täglichen beruflichen Erfolgsdruck besser umgehen zu können?

Den Erfolgsdruck kann man am besten umgehen, wenn man ihn erst gar nicht an sich heranlässt. Man muss sich so stark machen, dass man eine „Schutzmauer" gegen Druck hat. Dies gelingt durch die Stärkung des eigenen Energiefeldes. Besonders wirkungsvoll ist hier das Prinzip der Gelassenheit.

Wie kann eine Führungskraft kurzfristig mithilfe von Shaolin-Techniken Ärger am schnellsten abbauen?

Am besten ist es auch hier, den Ärger nicht an sich heranzulassen. Ist er aber schon da, sollte einem bewusst werden, dass er nur unnötig Energie kostet. Als Hilfsmittel, um wieder „runterzufahren", eigenen sich Atemtechniken ganz besonders.

Nutzen Shaolin-Mönche Techniken wie mentales Training? Wenn ja, zu welchem Zweck und in welcher Form?

Ein mentales Training im westlichen Sinne nutzen die Shaolin-Mönche nicht. Ihre Methode besteht in der Anwendung von Meditationstechniken und in der bewussten Umsetzung von Prinzipien wie Gelassenheit, Gegenwart, Entschlossenheit, Loslassen usw.

Shaolin-Mönche strahlen eine besondere innere Ruhe aus.
Wie trainieren sie diese Fähigkeit der Gelassenheit?
Die Fähigkeit der Gelassenheit wird hauptsächlich durch Meditation geübt. Dabei denkt der Mönch: Ich bin gelassen!

Wie wichtig sind Disziplin und Konsequenz für Shaolin-Mönche?
Disziplin und Konsequenz stehen bei den Mönchen an erster Stelle. Ihr Bewusstsein, Denken und ihre Energiesteuerung würden wenig bringen, wenn sie nicht zu 100 % konsequent wären und ihre Übungen nicht mit einer extremen Disziplin durchführen würden. Wenn es z. B. heißt, eine Übung wird tausendmal gemacht, dann wird sie genau tausendmal gemacht und nicht ein einziges Mal weniger.

Was kann eine Führungskraft von Shaolin-Mönchen im Umgang mit Niederlagen lernen?
Zu Niederlagen haben Mönche folgendes Bewusstsein: Sie sind etwas ganz Normales, weil man nicht immer nur, im Sinn von Erster sein, gewinnen kann. Niederlagen zeigen wie ein Spiegel auf, was man noch besser machen kann bzw. wo man steht. Kommt man zu dem Ergebnis, dass man nichts falsch gemacht und auch sein Bestes gegeben hat, so muss man ohne Neid zugeben: Der Gegner war heute besser. Mit diesem Bewusstsein kostet eine Niederlage wenig Energie.

Was ist aus Sicht der Shaolin-Mönche die effektivste Möglichkeit, körperliche
Leistungsfähigkeit zu verbessern? Gibt es eine besondere Methode oder sind es
unterschiedliche Trainingsvarianten, die die Mönche körperlich so stark machen?
Zur Steigerung der körperlichen Leistungsfähigkeit haben die Mönche mehrere Trainingsvarianten, z. B. Qigong, Tai Chi und Kung Fu. Am wichtigsten ist für die Mönche das Bewusstsein, mit dem sie trainieren. Nicht „hoffentlich kann ich das, ich versuche es einmal", sondern „ich tue es und es gelingt mir". Ab einer bestimmten körperlichen Leistungsfähigkeit ist eine Steigerung nur noch auf mentaler und auf der Bewusstseinsebene möglich.

Wie ernähren sich Shaolin-Mönche? Sind Sie Veganer, Vegetarier oder essen sie auch Fleisch?
Die Mönche ernähren sich ähnlich wie Vegetarier. Sie essen kein Fleisch, aber manchmal Fisch. Vor allem achten sie darauf, keinen Industriezucker zu sich zu nehmen und sich von Produkten zu ernähren, die in der Region und der entsprechenden Jahreszeit wachsen.

Mit welchen Methoden regenerieren Shaolin-Mönche nach ihren harten Trainingseinheiten?
Die Regenerationsmethoden sind unterschiedliche Meditationstechniken. Das kann auch Meditation in Bewegung sein, wie Mönche Qigong nennen.

Wie sieht der Alltag eines Mönches im Shaolin-Kloster aus?
Der Alltag eines Mönches im Kloster ist in der Regel nicht streng ritualisiert. Der Mönch legt seine Tagesabläufe anhand seines Entwicklungsstandes und seiner Ziele fest. Der Tag beginnt um 4.30 Uhr mit Übungen, 6.30 Uhr ist Frühstück, danach folgen Übungen und Meditation. Nach dem Mittagessen gegen 13.00 Uhr setzen die Mönche ihre Übungen und Meditationen fort, ebenso nach dem Abendessen, das gegen 18.00 Uhr stattfindet. Der Tag endet gegen 21.30 Uhr. Die Übungen und Meditationen werden teilweise mit anderen Mönchen durchgeführt. Einzeltrainings finden auch mit dem jeweiligen Meister statt.

Die Macht des Unterbewusstsein – mentales Training

Die Vorstellungskraft ist die erste Quelle menschlicher Glückseligkeit.
Giacomo Graf Leopardi, italienischer Schriftsteller (1798–1837)

Sie haben sicher schon einmal beobachtet, wie Skifahrer vor einem Rennen in Gedanken Abschnitt für Abschnitt durchfahren, bevor sie tatsächlich ins Rennen starten. Der Golfer Tiger Woods erwähnte in einem Interview, dass er jeden Schlag, den er ausführt, sich mehrmals davor in Gedanken vorstellt. Felix Gottwald, Österreichs erfolgreichster Olympianike, beschreibt in seinem Buch „Ein Tag in meinem Leben", wie er den triumphalen Zieleinlauf bei seinem Einzelsieg in Turin unzählige Male davor schon in Gedanken erlebt hat. Jeder erfolgreiche Sportler stellt sich im Training und im Wettkampf immer wieder seine spezifischen Bewegungsabläufe oder den Moment vor, indem er sein gewünschtes Ziel erreicht hat und auf der obersten Stufe des Podests steht.

Die Methode, die hier von Sportlern benutzt wird, nennt man mentales Training und ist im Spitzensport heute nicht mehr wegzudenken. Beim mentalen Training handelt es sich um ein planmäßiges, wiederholtes geistiges Vorstellen eines Bewegungsablaufes, ohne diesen tatsächlichen auszuführen, mit dem Ziel, die Bewegung zu optimieren. Der Einsatzbereich des mentalen Trainings geht aber weit über die Verbesserung des Bewegungsablaufes durch die gedankliche Vorstellung hinaus. Mithilfe von mentalem Training bereiten sich Sportler auf wichtige Wettkämpfe oder ganz spezifische

> **Mentales Training ist ein planmäßiges, wiederholtes geistiges Vorstellen eines Bewegungsablaufes.**

Situationen vor, um im richtigen Augenblick das volle Leistungspotenzial auszuschöpfen. Durch konsequentes mentales Trainieren lernen Athleten, ihre Konzentration im Wettkampf auf das Wesentliche zu lenken. Erfolg oder Misserfolg hängt entschieden davon ab, ob sich ein Sportler punktgenau konzentrieren kann. Mithilfe von mentalem Training entwickelt der Sportler also mentale Stärke und kann so in entscheidenden Phasen des Wettkampfs über sich hinauswachsen.

Warum mentales Training funktioniert

Das Grundprinzip des mentalen Trainings ist, dass Gedanken und Vorstellungen nach Verwirklichung streben (denken Sie an das Ursache-Wirkung-Prinzip, auf Seite 39). Alle Gedanken, Vorstellungen, inneren Bilder – ob positiv oder negativ – haben die Tendenz, in reales Verhalten und Handeln zu münden. Je stärker, intensiver und leidenschaftlicher diese Vorstellungen sind, umso größer ist die Wahrscheinlichkeit der Realisierung. Interessant aus neurowissenschaftlicher Sicht ist, dass allein die Vorstellung einer Bewegung oder Handlung dieselben Hirnareale wie die Bewegung oder die Handlung selbst aktiviert. Das lässt sich sogar hirnphysiologisch im Kernspin nachweisen.

Mentales Training im Alltag

Sportler und auch berufstätige Menschen müssen im richtigen Augenblick ihre Leistungen erbringen. Daher können auch Sie, genauso wie Sportler, mentales Training nutzen, um sich auf spezifische Situationen vorzubereiten. Besonders gut eignet sich die Technik zur Vorbereitung auf Situationen, die außerhalb Ihrer Routine liegen und Stress erzeugen. Egal, ob es sich um einen bevorstehenden Vortrag, die Präsentation eines neuen Produkts, ein Vorstellungsgespräch oder einen wichtigen Kundentermin handelt, visualisieren Sie vorweg immer wieder den optimalen Handlungsablauf und das gewünschte Ergebnis. Was mentales Training im Berufsalltag bringt, stellte Flugkapitän Chesley Sullenberger 2009 in New York unter Beweis. Als bei seinem Airbus die beiden Triebwerke ausfielen, machte der Pilot eine Notlandung auf dem Hudson River und rettete so 155 Menschenleben. Piloten müssen immer wieder Ausnahmesituationen gedanklich durchspielen, um in Notfällen punktgenau das zu leisten, was sie jahrzehntelang mental trainiert haben. *Wer den Hafen nicht kennt, in den er segeln will, für den ist kein Wind ein günstiger.*
Lucius Annaeus Seneca, römischer Philosoph (4 v. Chr.–65 n. Chr.)

Durchführung eines mentalen Trainings

Um mentales Training durchzuführen, müssen Sie sich natürlich überlegen, was Sie sich bildlich vorstellen möchten. Am besten arbeiten Sie mit Ihren Zielen. Das kann, wie schon erwähnt, ein nahender Vortrag, ein wichtiger Gesprächstermin oder etwas anderes Bedeutendes sein. Athleten zeichnen sich durch besondere Zielklarheit aus. Es ist für sie selbstverständlich, dass sie herausfordernde Saisonziele definieren. Kennen Sie auch Ihre privaten und beruflichen Ziele? Richtig formuliert und sinnvoll eingesetzt, sind sie ein wichtiger Antriebsmotor und Wegweiser in Ihrem Leben.

Formulieren Sie zunächst ein privates oder berufliches Ziel. Überlegen Sie, was Sie erreichen oder wie Sie sich beispielsweise in einer bestimmten Situation verhalten möchten (zum Beispiel: „Ich nehme bis zum … fünf Kilo ab."). Ein kraftvolles Ziel ist:
• **positiv formuliert**
• **konkret**
• **im Präsens formuliert**
• **erreichbar**
• **realistisch**

Die folgende Planungstechnik kann Ihnen helfen, Ziele in jedem Bereich gründlicher vorzubereiten. Sie machen sich Ihre Chancen und Risiken bewusst und können so ein entsprechendes Sicherheitsnetz einplanen, falls es notwendig ist.

• **Bis wann möchte ich mein angestrebtes Ziel erreichen?**
• **Wie verändert sich mein Leben, wenn ich mein Ziel erreicht habe?**
• **Das Erreichen meines Zieles ist mir wichtig.**
• **Ausgehend von meiner jetzigen Lebenssituation verzichte ich auf Folgendes zugunsten meines Zieles: …**
• **Welche Ressourcen, Fähigkeiten und Werkzeuge zum Erreichen**

meines Zieles habe ich bereits und was brauche ich noch?
- Wie viel von meinem Geld und meiner Zeit möchte ich zur
  Erreichung meines Zieles investieren?
- Ist es realistisch, mit meinen Ressourcen (Geld, Zeit, soziales Umfeld),
  die mir zur Verfügung stehen, mein Ziel zu erreichen?
- Was hat mich bis jetzt gehindert, das gewünschte Ziel, den gewünschten
  Zustand, das gewünschte Verhalten zu erreichen?
- Wer kann mir bei der Erreichung meines Zieles helfen?
- Hat jemand in meinem sozialen Umfeld einen Nachteil, wenn ich mein
  Ziel erreiche? Wenn ja, kann ich mit den Konsequenzen leben?
- Ist es noch immer realistisch, dass ich mein Ziel nach Beantwortung
  dieser Fragen erreiche?
- Wenn ja, was wird mein erster Schritt innerhalb der nächsten 72 Stunden
  sein, um das Ziel zu erreichen?

Erstellen Sie schriftlich im nächsten Schritt einen genauen Plan zur Zielerreichung.

Handlungsplan erstellen

Haben Sie Ihr Ziel, Ihr Vorhaben oder Ihr gewünschtes Verhalten schriftlich festgelegt, gilt es, für das mentale Training ein realistisches Bild Ihres Vorhabens aufzubauen. Sportler machen sich beispielsweise ihren Bewegungsablauf klar, indem sie diesen exakt aufschreiben, dann vorsprechen und schließlich immer wieder gedanklich vorstellen. Das erleichtert, den Bewegungsablauf zu verinnerlichen. So kann der Sportler auf dieses Bewegungsmuster in jeder Situation zurückgreifen. Erstellen Sie auch ein schriftliches Drehbuch Ihres Vorhabens. Wenn Ihr Ziel beispielsweise eine anstehende Präsentation vor Ihren Mitarbeitern ist, schreiben Sie exakt auf, wie die Präsentation ablaufen soll, das heißt, welchen Text Sie sprechen werden, an welcher Passage Sie die Folie wechseln, wie die Leute Ihnen im Anschluss an Ihre Präsentation gratulieren usw. Je genauer Ihr Handlungsplan ist, den Sie schlussendlich im Kopf durchgehen, desto besser ist die Qualität und Wirkung des mentalen Trainings. Im besten Fall ist Ihr durchdachter und schriftlich festgehaltener Handlungsplan genauso lang wie die reale Präsentation.

Trainieren Sie mental

Am besten wirkt mentales Training in einem entspannten Zustand. Hier ist Ihr Unterbewusstsein für alle Suggestionen offen. Führen Sie beispielsweise eine Atmungsübung durch (siehe auch Gedankenberuhigung über die Atmung auf Seite 47). Damit beruhigen Sie Ihren Gedankenstrom und können Ihre gesamte Gedankenenergie auf Ihre Handlungsvorstellungen richten. Nutzen Sie bei diesem Zieldenken all Ihre Sinne. Stellen Sie sich vor, was Sie in dieser Situation spüren, was Sie hören, was Sie riechen, was Sie schmecken und vor allem was Sie Positives fühlen. Stellen Sie sich exakt vor, wie Ihr Vorhaben abläuft oder visualisieren Sie die Situation, in der sich Ihr definiertes Ziel erfüllt. Genießen Sie Ihre Erfolge im Voraus!

Mentales Training ist kein Zaubermittel, sondern eine Technik, die einem hilft, wichtige Herausforderungen und Ziele leichter zu bewältigen. Wenn Sie Ihre Gedanken auf das ausrichten, was Sie wollen und nicht auf die Schwierigkeiten und Hindernisse, dann eröffnen sich in Ihrem Leben völlig neue Möglichkeiten.

Intelligentes Energiemanagement –
Kraft durch Entspannung

Eines der wichtigsten Trainingsprinzipien im Leistungssport ist das Prinzip des wirksamen Belastungsreizes. Ein Sportler braucht wirksame Belastungsreize, um sich zu verbessern. Bei unterschwelligen Trainingsreizen kommt es zu keinen Leistungsverbesserungen und die Leistung stagniert. Setzt der Sportler zu hohe Reize, kann es zu Verletzungen und langfristig zu einem Übertrainingszustand führen. Als Übertraining bezeichnet man eine chronische Überlastungsreaktion, bedingt durch ständig zu hohe Trainingsintensitäten, zu hohe Trainingsvolumen und/oder unzureichende Regenerationszeiten zwischen den Trainingseinheiten. Die Symptome eines Übertrainingszustandes sind

> **Ein Sportler braucht wirksame Belastungsreize, um sich zu verbessern.**

ähnlich einer berufsbedingten Überlastung. Will der Sportler seine Leistungsfähigkeit verbessern, darf der Trainingsreiz weder zu hoch noch zu niedrig sein, damit es im Organismus zu den gewünschten Anpassungsprozessen kommt. Eine wichtige Voraussetzung für Leistungssteigerung ist also eine gezielte Trainingssteuerung.

Damit auch Sie sich weiterentwickeln und persönlich wachsen können, ist es notwendig, dass Sie, so wie es der Leistungssportler praktiziert, in Ihrem Leben die richtigen Reize setzen. Voraussetzung für Wachstum ist, dass Sie Ihre Komfortzone verlassen. Wenn Sie sich niemals fordern, werden Sie sich auch nicht weiterentwickeln. Genauso wird der Sportler nicht seine Leistungsfähigkeit verbessern, wenn er nicht zwischendurch im Training an seine Schmerzgrenze geht. Keine Sorge, Sie brennen nicht gleich aus, wenn Sie zwischenzeitlich an Ihre

> **Entscheidend für Ihr Wohlbefinden ist, dass Sie nach diesen Phasen hoher Belastungen Phasen der Regeneration einplanen.**

Belastungsgrenzen gehen. Fast in allen Berufsbranchen gibt es immer wieder Phasen mit hohen Belastungen. Entscheidend für Ihr Wohlbefinden ist nur, dass Sie nach diesen Phasen hoher Belastungen bewusst Phasen der Regeneration (lateinisch regeneratio = Wiedergeburt oder sinnbildlich Wiederherstellung) einplanen.

Wie auch beim Sportler unterschwellige und überschwellige Trainingsreize zur Stagnation bzw. zum Übertraining führen können, wirken sich lang anhaltende Überlastung und auch Unterforderung im Alltag negativ auf Ihre Leistungsfähigkeit und Gesundheit aus. Wenn Sie in Ihrem Job Tätigkeiten ausführen, die Sie auf Dauer überlasten, sinkt in absehbarer Zeit Ihre Produktivität. Ständig hohe Anspannung zehrt an Ihren Energiereserven, und es stellen sich die klassischen Überlastungssymptome ein. Sie brennen aus, und es kommt unweigerlich zum Burnout. Dasselbe gilt, wenn Sie über einen längeren Zeitraum zu geringen Belastungen ausgesetzt sind. Sie brennen durch lang andauernde Unterforderung oder zu lange Erholung ohne Stress zwar nicht aus, dafür sind Sie „ausgelangweilt". Durch eine kontinuierliche Unterforderung sinkt Ihre Motivation, Sie langweilen sich, sind mitunter apathisch oder machen nur mehr Dienst nach Vorschrift. Sie haben ständig das Gefühl, mehr leisten zu können, als gefordert wird. Zu Unterforderung kommt es, wenn Ihre beruflichen Anforderungen geringer sind als Ihre Fähigkeiten. Lang anhaltende Unterforderung kann zu einem „Boreout" führen.

Ein Sportler muss die richtigen Trainingsreize setzten, genauso müssen Sie das richtige Maß an Arbeit finden. Vitalität, Begeisterung und Bestleistungen sind auf Dauer nur dann möglich, wenn Sie Ihre Ziele, Aufgaben und Tätigkeiten herausfordern und sich auf längere Sicht gesehen nicht über- oder unterfordern. Ihr Ziel sollte daher immer sein, Ihr Leben und Ihre Arbeit so zu gestalten, dass Sie sich langfristig in der Eustress-Zone (Zone der Herausforderung siehe Abbildung unten) befinden, das heißt in jener Zone, in der die Stressfaktoren auftreten, die den Organismus positiv beeinflussen.

> **Vitalität, Begeisterung und Bestleistungen sind auf Dauer nur dann möglich, wenn Sie Ihre Ziele, Aufgaben und Tätigkeiten herausfordern und sich auf längere Sicht gesehen nicht über- oder unterfordern.**

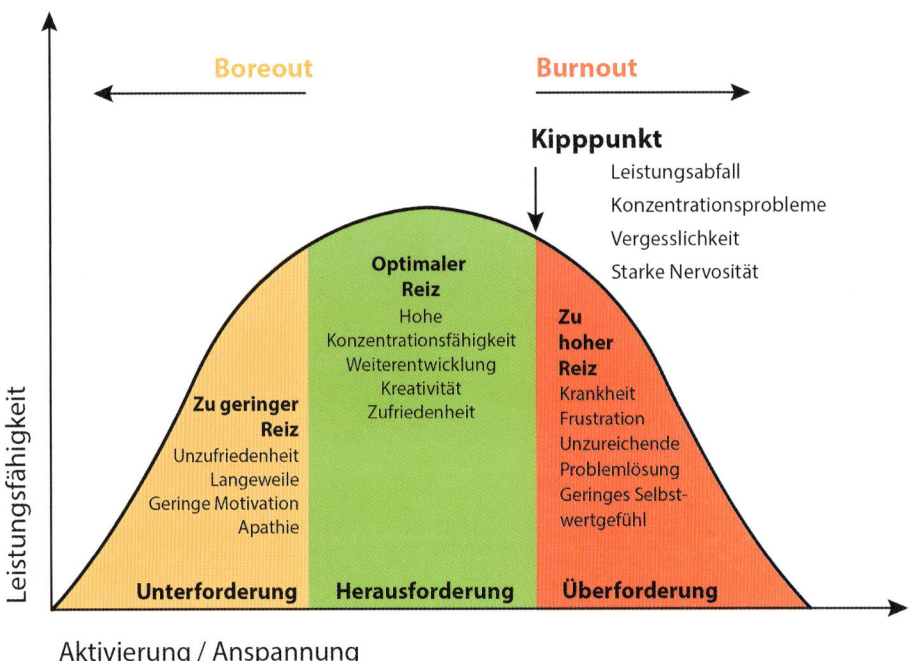

Natürlich ist es unrealistisch zu glauben, dass man es sich in Eustress-Zone gemütlich machen kann. Das Leben besteht nun mal aus einem ständigen Wechsel zwischen Anspannung und Entspannung, einem Wechselspiel zwischen hohen und niedrigen Belastungen. Doch wichtig ist, sich nach Phasen hoher Belastungen Zeiten der Ruhe zu gönnen, um die Leistungsfähigkeit zu entwickeln und nicht zu erkranken. Auch wenn Sie mit großer Freude und Begeisterung Ihrer Arbeit nachgehen, verbrauchen Sie dennoch Energie, die Sie Ihrem Organismus wieder zuführen müssen, um in Balance zu bleiben. Das heißt nicht nur, dass Sie von außen über die richte Ernährung Ihrem Körper Energie zuführen, sondern dass Sie auch mit regelmäßigen Entspannungsphasen und Pausen Ihre körperlichen und geistigen Akkus wieder aufladen. Der systematische Wechsel von Belastung und Entlastung bildet den Kern einer jeden Trainingsmethode. Dessen sind sich Top-Athleten und Shaolin-Mönche bewusst, denn sie leben das perfekte Energiemanagement und achten auf das Gleichgewicht zwischen Energieverbrauch (Stress) und Energieproduktion (Regeneration). Diese Ausgewogenheit ist auch in Alltag und Business wichtig. Ein intelligentes Energiemanagement im Berufsalltag setzt voraus, dass Sie Ihre persönlichen Belastungsfaktoren

> **Top-Athleten und Shaolin-Mönche leben das perfekte Energiemanagement und achten auf das Gleichgewicht zwischen Energieverbrauch (Stress) und Energieproduktion (Regeneration).**

kennen, Ihre individuellen Symptome von Unterforderung und Überlastung wahrnehmen und vor allem achtsam mit Ihrer Energie umgehen. Dann sind Sie jederzeit in der Lage, gezielte Maßnahmen zu ergreifen, um drohende Leistungseinbrüche zu verhindern und Ihre Begeisterung, Leistungsfähigkeit und Gesundheit zu erhalten.

Mit aktiver Entspannung dem Stress ein Schnippchen schlagen

Vergiss nicht ... Entspannung ist nicht etwas, was du tust. Es ist eine natürliche Reaktion, die du zulässt. Entspannung ist das, was übrig bleibt, wenn du aufhörst, Spannung zu erzeugen. Autor unbekannt

Mental stark sind die Menschen, die zum Ausgleich der belastungsbedingten Anspannung für regelmäßige Entspannung sorgen. Wer entspannt ist, ist vor allem in Belastungssituationen gelassener. Auch Shaolin-Mönche wissen, dass in der Ruhe die Kraft liegt und nicht in der Anspannung. Im Sport gilt das Gleiche. Jeder Top-Athlet weiß, dass die Leistungssteigerung nicht während des Trainings, sondern in der Erholungsphase erfolgt. Im Sport nennt man diesen Effekt „Superkompensation". Trainiert ein Spitzensportler das ganze Jahr ohne Regenerationsphasen durch, kommt er mit großer Wahrscheinlichkeit in einen Übertrainingszustand. Hermann Maier war ein Paradebeispiel für einen Sportler, der zeigte, wie wichtig aktive Entspannung ist. So hatte er in den Hotels immer seinen eigenen

> **Einer hohen Anspannung muss immer eine Phase der Entspannung folgen, um wieder vollständig zu regenerieren.**

Fahrradergometer mit, um am Abend noch für ein bis zwei Stunden mit niedriger Pulsfrequenz seine im Training und Rennen produzierten Stresshormone „wegzuradeln". Auch Führungskräfte verrichten ihre Arbeit mit großem Einsatz und stehen somit permanent unter hoher Spannung. Dieser hohen Anspannung muss immer eine Phase der Entspannung folgen, um wieder vollständig zu regenerieren.

Voraussetzung für Höchstleistungen und lang andauernde Gesundheit sind also regelmäßige Pausen und richtig getimte Entspannungsphasen. Planen Sie daher tägliche Pausen (siehe auch aktive Pausen auf Seite 105) und Urlaubszeiten nach anstrengenden Arbeitsphasen ein. Gerade zu belastungsintensiven Zeiten, wo ein Termin den nächsten jagt, sind fix eingeplante Entspannungsphasen unabdingbar. Sich zu entspannen, ist im Business aber nicht gut angeschrieben, wird es leider häufig mit Faulheit und Unproduktivität gleichgesetzt. Darüber hinaus hat es die Natur so eingerichtet, dass wir evolutionsbedingt eher auf Stress programmiert sind. Wir sollten nicht allzu entspannt sein, denn die allzu Entspannten wurden gleich einmal vom Säbelzahntiger gefressen. Die „Gestressten" liefen davon und konnten für den Nachwuchs sorgen. So ist es kein Wunder, dass es nicht jeder schafft, sich gut zu entspannen. Setzen Sie sich nicht unter Druck, denn auf keinen Fall sollten Sie Entspannung erzwingen, denn dann sind nur noch angespannter.

Verschiedene Entspannungsmethoden

Im Allgemeinen unterscheidet man zwischen passiven und aktiven Entspannungsmethoden.

Beispiele für **passive Entspannungsmethoden** sind
- **Musik hören**
- **Träumen**
- **Spazieren**
- **Lesen**
- **Fernsehen**

Zu den **systematisch aktiven Entspannungsmethoden** gehören Methoden wie
- **Progressive Muskelentspannung**
- **Atemtechniken**
- **Autogenes Training**
- **Meditation**
- **Biofeedback**
- **Sport**

Die systematisch aktiven Methoden basieren auf wissenschaftlichen Erkenntnissen, das heißt, ihre Wirkungsweise wurde wissenschaftlich nachgewiesen.

Darüber hinaus gibt es viele Techniken aus den fernöstlichen Traditionen wie Qigong, Tai Chi oder Yoga. Auch diese sehr ganzheitlich wirkenden Techniken erobern inzwischen die Schulmedizin und den Spitzensport.

Wie finden Sie Ihre richtige Regenerations- und Entspannungsmethode?

Manche Menschen werden schon nervös, wenn Sie nur daran denken, dass Sie sich fünfzehn Minuten für eine aktive Entspannungsübung hinsetzen oder hinlegen sollen. Diese Menschen brauchen eher aktive sportliche Maßnahmen, um sich zu entspannen. Andere Menschen, die nicht so sportbegeistert sind, sorgen dafür mit klassischen oder fernöstlichen Entspannungstechniken für den nötigen Ausgleich. Was den Abbau von Stress angeht, funktionieren Sport und aktive Entspannungstechniken gleich gut. Sie können beruhigt den Weg wählen, der Ihnen persönlich besser gefällt. Am besten wäre es, wenn Sie beides miteinander kombinieren. Generell sollten Sie darauf achten, mit welchen Stresssymptomen Sie auf Ihre Belastungen reagieren. Denn für jede Stressreaktion gibt es die passende Entspannungstechnik.

Auf der beigelegten CD finden Sie einen Test, der Ihnen Hinweise auf Ihre typischen Stressreaktionen liefert (Test: Die drei Stressreaktionsebenen).

Führen Sie diesen Test durch und suchen Sie im Anschluss in der nachfolgenden Tabelle, welcher Reaktionstyp Sie sind und welche Entspannungstechnik für Sie am besten passen könnte.

Wie wirkt Entspannungstraining?

Aktive Entspannung führt zu einer erhöhten Toleranz gegenüber Belastungen, senkt das Erregungsniveau und führt zum Abbau von bereits bestehenden psychosomatischen Beschwerden wie Spannungskopfschmerzen oder Herz-Kreislauf-Beschwerden. Die Herz- und die Atemfrequenz sinken, die Muskeln entspannen sich und der Gedankenfluss beruhigt sich. Der Stresshormonspiegel sinkt, und es findet sich sogar körpereigenes Morphium im Blut. Auch der Dopaminspiegel geht nach oben, und dadurch fühlt man sich wohl. Das Gehirn kann vorangegangene Eindrücke verarbeiten und neue synaptische Verbindungen herstellen, was wiederum die Produktivität und Kreativität erhöht. So kommt es häufig im entspannten Zustand zu kreativen Einfällen und Problemlösungen.

Empfohlene Entspannungstechniken und Regenerationsmaßnahmen für den entsprechenden Reaktionstypus

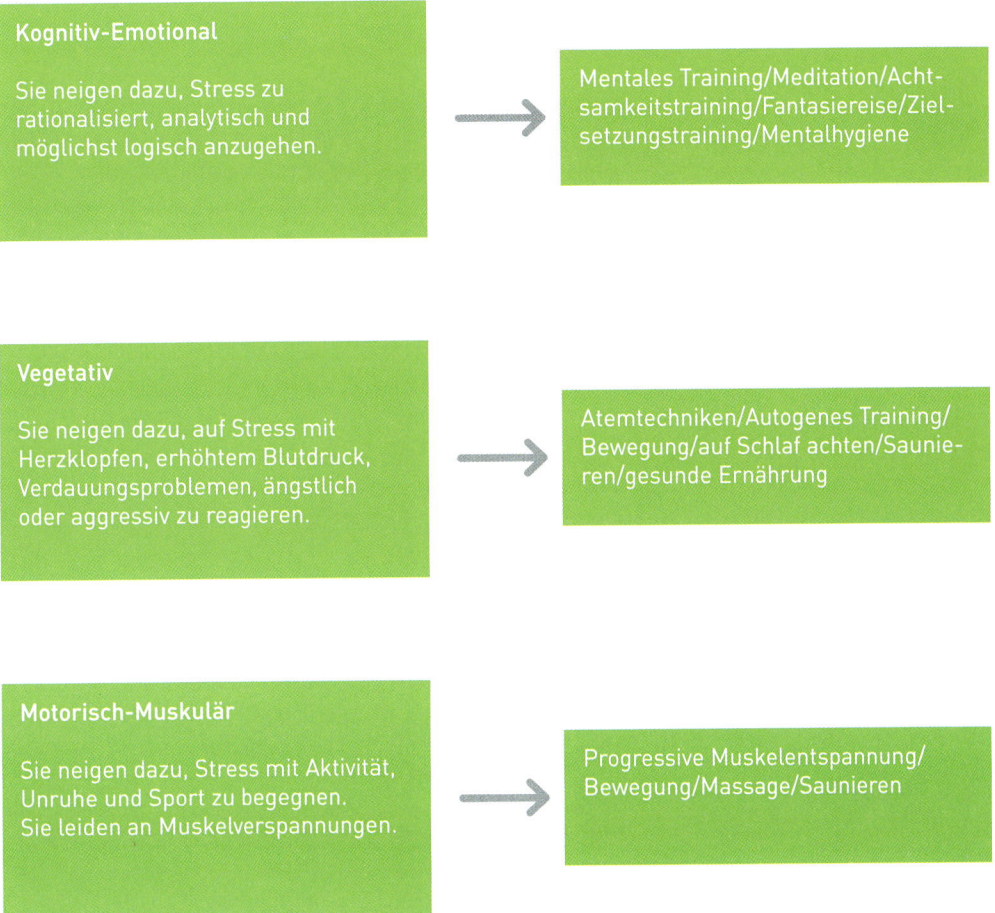

Kognitiv-Emotional

Sie neigen dazu, Stress zu rationalisiert, analytisch und möglichst logisch anzugehen.

→ Mentales Training/Meditation/Achtsamkeitstraining/Fantasiereise/Zielsetzungstraining/Mentalhygiene

Vegetativ

Sie neigen dazu, auf Stress mit Herzklopfen, erhöhtem Blutdruck, Verdauungsproblemen, ängstlich oder aggressiv zu reagieren.

→ Atemtechniken/Autogenes Training/Bewegung/auf Schlaf achten/Saunieren/gesunde Ernährung

Motorisch-Muskulär

Sie neigen dazu, Stress mit Aktivität, Unruhe und Sport zu begegnen. Sie leiden an Muskelverspannungen.

→ Progressive Muskelentspannung/Bewegung/Massage/Saunieren

Schlaf ist die beste Medizin

Wir wissen alle, wer gesund und leistungsfähig sein möchte, soll mindestens dreimal pro Woche Sport treiben, bewusst essen und für mentalen Ausgleich sorgen. Viele berufstätige Menschen übersehen aber den vielleicht wichtigsten Faktor eines vitalen Lebens: einen erholsamen Schlaf. Das Sportprogramm wird zwar zeitig in der Früh oder am späten Abend irgendwie untergebracht, vielleicht auch noch die eine oder andere aktive Pause. Aber aufgrund der vielen Termine und Verpflichtungen kommt man meist erst kurz vor Mitternacht ins Bett. Dass damit die wichtigste Erholungsquelle zu kurz kommt, fällt den meisten oft gar nicht auf.

> **Der wichtigste Faktor eines vitalen Lebens ist ein erholsamer Schlaf.**

Dauerhafter Schlafentzug ist aber absoluter Raubbau am Körper. Weder Spitzensportler noch Sie selbst können Höchstleistungen erbringen, wenn Sie unter Schlafmangel leiden. Schlafen Sie chronisch zu wenig, steigt die Infektanfälligkeit und es kann langfristig zu Stoffwechselstörungen wie Diabetes, Übergewicht oder psychischen Erkrankungen wie Depressionen kommen.

Wann spricht man von Schlafproblemen?

Wenn jemand über drei Wochen hindurch mehr als drei Nächte pro Woche mindestens drei Stunden pro Nacht wach liegt, dann spricht man von Schlafproblemen. Es gibt auch Menschen, die neun Stunden pro Nacht durchschlafen und den ganzen nächsten Tag müde sind. Der Grund ist, dass diese Personen nur einen Leichtschlaf haben und die Qualität des Schlafes nicht ausreichend ist. Nur der Tiefschlaf erfrischt! Um herauszufinden, ob man unter Schlafstörungen leidet, sollte man beobachten, wie man sich tagsüber fühlt. Es ist nicht entscheidend, ob man in der Früh müde ist, sondern wie man sich tagsüber fühlt.

Ursachen für Schlafprobleme:
1. Hohe Belastungen und ständig hohe innere Anspannung
2. Existentielle Ängste
3. Ungesunder Lebensstil

Schlafstörungen können aber auch Vorboten einer Depression und Einschlafstörungen auch hormonell bedingt sein.

Warum Schlaf so wichtig ist

Im Schlaf regeneriert der gesamte Organismus. Geschädigte Zellen werden repariert, das Immunsystem arbeitet auf Hochtouren, der Puls sinkt und damit kann auch das stark beanspruchte Herz für einige Stunden einen Gang runterschalten. Das Gehirn bildet neue Nervenzellen, Gelerntes wird abgespeichert, seelische Inhalte werden verarbeitet und Wachstumshormone ausgeschüttet.

> **Im Schlaf regeneriert der gesamte Organismus.**

Wenn wir schlafen, sind wir also produktiv und werden schlauer. Grund genug, für einen guten Schlaf zu sorgen. Und ganz ehrlich, welche Medizin führt zu diesen umfangreichen Wirkungen?

Wie viel Schlaf braucht man?

Das Schlafbedürfnis ändert sich mit zunehmendem Alter. So brauchen Neugeborene noch ca. 16 Stunden Schlaf, 14-Jährige noch acht bis neun Stunden und 70-Jährige im Schnitt nur mehr sechs bis sieben Stunden Schlaf. Die Schlafmediziner gehen aber davon aus, dass weniger als sechs Stunden pro Tag die Resultate eines gesunden Lebensstiles zunichtemachen. Amerikanische Studien zeigen jedoch auch, dass zu lange Schlafphasen, also mehr als neun Stunden pro Tag, wiederum das Krankheitsrisiko erhöhen. Das Schlafbedürfnis ist also sehr individuell. Entscheidend für gute Erholung ist vor allem die Qualität des Schlafes.

> **Entscheidend für gute Erholung ist die Qualität des Schlafes.**

Die verschiedenen Schlafstadien

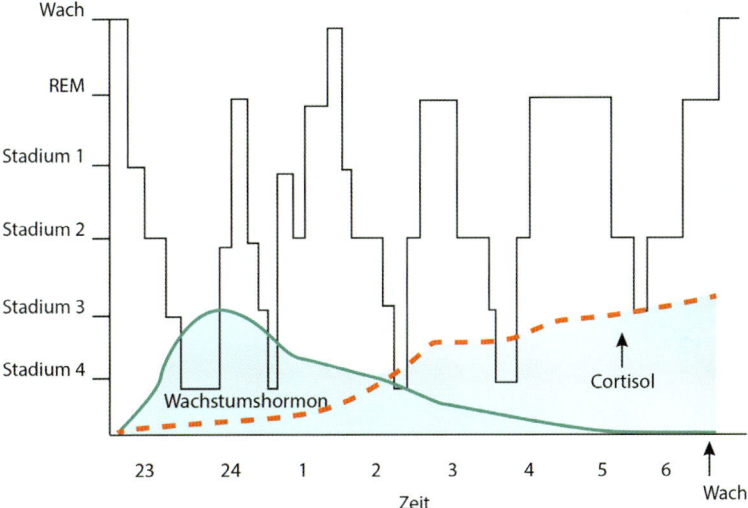

Während einer gesunden Nacht durchlaufen wir vier bis fünf Schlafzyklen, die jeweils 90 Minuten dauern. Nach der Wachphase beginnt der Leichtschlaf (Stadium 1 und 2) gefolgt von Tiefschlaf (Stadium 3 und 4) und dem REM-Schlaf (REM = Rapid Eye Movement, eine Phase mit schnellen Augenbewegungen, in der wir hauptsächlich träumen). In der ersten Nachthälfte befinden wir uns vorwiegend im Tiefschlaf, in der zweiten Nachthälfte mehr im Leicht- und REM-Schlaf. Gut 60 % eines gesunden Schlafes verbringen wir im Leichtschlaf. Dieser reicht aber nicht, um am nächsten Tag ausgeruht und erholt zu sein. Für eine optimale Regeneration benötigen wir den Tief- und den REM-Schlaf. Der Tiefschlaf, auf den etwa 20 % des Schlafes fallen sollten, ist unsere Hauptregenerationsphase. Genau in dieser Phase wird das wichtige Wachstumshormon Somatropin gebildet. Dieses Hormon sorgt unter anderem für den Muskelaufbau und stimuliert das Knochenwachstum. Spitzensportler brauchen daher definitiv ihre Tiefschlafphasen, um die für Höchstleistungen so wichtige Muskulatur aufzubauen. Wenn Sportler zu wenig schlafen oder aus bestimmten Gründen nicht in die Tiefschlafphase kommen, kann es zu einem Übertrainingszustand kommen, weil sie sich nicht ausreichend regenerieren können. Sport vermehrt die Tiefschlafphasen. Etwa 20 % eines gesunden Schlafes entfallen dann noch auf den REM-Schlaf, in dem wir vorwiegend träumen. Während Somatropin vor allem in der ersten Nachthälfte ausgeschüttet wird, beginnt das Stresshormon Cortisol ab drei, vier Uhr nachts langsam als Wachmacher zu wirken. Neben diesen beiden Hormonen wirken aber auch noch viele andere Hormone bei den Schlaf- und Wachzyklen mit.

Tipps für einen guten Schlaf

- Wichtig für einen guten Schlaf ist innere Ruhe und Entspannung. Betreiben Sie daher mindestens zwei Stunden vor dem Schlafengehen kein elektronisches Multitasking mehr (gleichzeitig fernsehen, surfen mit dem iPad und mit dem Handy E-Mails schreiben).
- Bevor Sie zu Bett geht, schließen Sie den Tag ab. Negative Gedanken stören die Abendruhe. Schreiben Sie daher in ein Notizbuch alles auf, was Sie in diesem Moment belastet.
- Hören Sie Entspannungsmusik oder führen Sie im Bett vor dem Einschlafen Entspannungsübungen wie die Progressive Muskelentspannung, Atemübungen oder die BRAINKINETIK-Meditation (Anleitung auf Seite 99) durch. Lassen Sie nach den Entspannungsübungen, sofern Sie noch nicht eingeschlafen sind, Ihre positiven Tagesereignisse in Gedanken Revue passieren.
- Gewöhnen Sie sich einen regelmäßigen Zu-Bett-Geh- und Aufwach-Rhythmus an. Gehen Sie, wenn möglich, immer zur gleichen Zeit ins Bett und stehen Sie zur gleichen Zeit auf.
- Nützen Sie natürliche Einschlafhilfen wie Entspannungstees aus Melisse, Lavendel oder Baldrian. Hilfreich können auch Kräuterkissen sein, die mit Kamille, Melisse, Lavendel, Minze, Thymian und Anis gefüllt sind. Auch Lavendelöl auf den Polster geträufelt hilft beim schnelleren Einschlafen.
- Essen Sie nach 20.00 Uhr nichts mehr, schon gar kein schweres, fettes und scharfes Essen. Kaffee, Schwarztee, Weißwein, Sekt und Kakao sind tabu. Alkohol und herbe Gewürze generell können aufputschend wirken und guten Schlaf verhindern.
- Verbannen Sie elektronische Geräte, wie Fernseher und Mobiltelefone, aus dem Schlafzimmer.
- Bewegen Sie sich am Tag ausreichend. Sport vertieft den Schlaf und verbessert die Erholsamkeit Ihres Schlafes. Besonders Muskeltraining verbessert die Tiefschlafphasen und führt zur vermehrten Ausschüttung von Wachstumshormonen und Testosteron. Auch gut dosiertes Ausdauertraining verbessert den Schlaf. Zwischen körperlichem Training und Einschlafen sollten aber mindestens fünf Stunden sein.

Powernapping

Kennen Sie den Begriff „Postprandiale Somnolenz"? Es ist der schläfrige Zustand nach einem üppigen Essen, der umgangssprachlich auch als „Fressnarkose" oder „Suppenkoma" bezeichnet wird. Nachdem die meisten Menschen ihre Hauptmahlzeit zu Mittag einnehmen, fällt dieser Zustand in der Regel mit dem physiologischen Leistungstief des Menschen zwischen 13.00 und 16.00 Uhr zusammen. Die Zeit nach dem Mittagessen sollten Sie daher im Optimalfall für einen kurzen Mittagsschlaf, neudeutsch Powernapping, nutzen. Ein kurzer Schlummer kann im durch Stress und Hektik geprägten Businessalltag wahre Wunder wirken. Eine Studie aus Griechenland an 23.000 Probanden konnte nachweisen, dass die Menschen, die 20 Minuten schlummerten, nach fünf Jahren im Schnitt 37 % weniger Herzinfarkte hatten, als die, die das Suppenkomma ignorierten und weiterarbeiteten. Wissenschaftler des National Institute of Mental Health (NIMH) in den USA und Kollegen von der Harvard University haben im Rahmen ihrer Studien herausgefunden, dass der Mittagsschlaf maßgeblich zur Reduktion von Informationsüberflutung und zu erheblichen Verbesserungen der Leistungs- und Konzentrationsfähigkeit beiträgt. Auch die Fehlerhäufigkeit sinkt und die Entscheidungsfähigkeit verbessert sich. Die Wissenschaftler gehen davon aus, dass das Powernapping daher die Gefahr eines Burnouts erheblich minimiert.

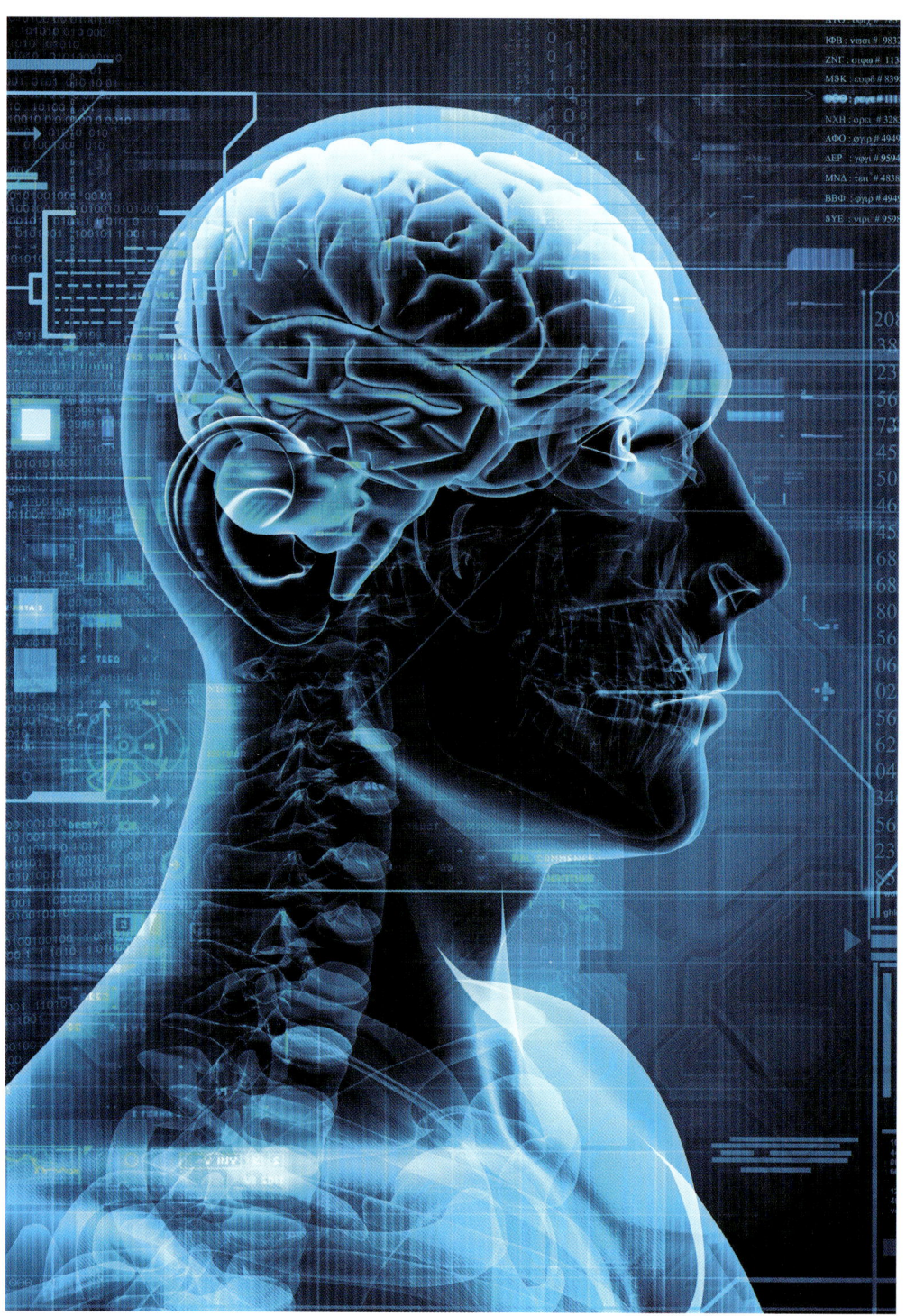

BRAINKINETIK – Freiheit beginnt im Kopf

Die Welt dreht sich immer schneller. Statt in unserer Mitte zu ruhen, versuchen wir, zu funktionieren und mit der Geschwindigkeit unserer Zeit mitzuhalten. Gerade bei Stress oder Erschöpfungszuständen betrachten viele von uns ihren Körper sogar als Feind, der ihnen das Leben schwermacht. Doch damit übersehen wir das enge Zusammenspiel von Körper und Gehirn. Jede Funktion und jede Bewegung unseres Körpers wird von unserer Schaltzentrale, dem Gehirn, gesteuert. Genauso hat jede Bewegung unseres Körpers Einfluss auf unser Gehirn.

> **Jede Funktion und jede Bewegung unseres Körpers wird von unserer Schaltzentrale, dem Gehirn, gesteuert. Genauso hat jede Bewegung unseres Körpers Einfluss auf unser Gehirn.**

Viele von uns finden aufgrund beruflicher Belastungen keine oder zu wenig Zeit für körperliche Bewegung. BRAINKINETIK ist eine Methode, mit der Sie nicht nur mehr Energie gewinnen, sondern durch die Effizienz des Trainings und die verbesserte Leistungsfähigkeit auch mehr Zeit, die Sie in mehr Aktivitäten, die Ihnen guttun, investieren können.

Denn persönliche Entwicklung, Spaß, Lebensglück und Zufriedenheit spüren wir mit einem freien, offenen Geist.

Beginnen Sie damit, die Freiheit in Ihrem Kopf zu leben.

Die drei Dimensionen des Gehirns

Das Gehirn verkörpert Denken, Fühlen, Wollen und Erinnern des Menschen. Damit formt es unser Leben – und unsere Zukunft. Aber wie ist das jetzt: Entscheiden nun eher Verstand oder Leidenschaft, Intuition oder Logik, Glaube oder Vernunft?

Deswegen geht es jetzt erst einmal um die Zusammenhänge zwischen den Dimensionen unseres Gehirns und denen unseres Körpers. Das daraus resultierende Gehirn-Körper-Modell ermöglicht es jedem, die direkte Verbindung zwischen beiden zu erkennen und zu nutzen.

Wir wissen, dass wir eine rechte und eine linke Gehirnhälfte haben und dass das Gehirn im Bereich des Neokortex aus eben diesen zwei Hälften besteht. Die linke Gehirnhälfte steuert dabei die Bewegung der rechten Körperseite und die rechte Gehirnhälfte ist für die Bewegung der linken Körperseite zuständig. Diese Gehirn-Dimension ist die so genannte **„Lateralität"**.

Die zweite Dimension ist die **„Fokussierung"**. Sie beschreibt die Trennung zwischen dem vorderen und hinteren Gehirnbereich. Auf den Körper bezogen bedeutet dies die Trennung zwischen unserer Körpervorderseite und unserer Körperrückseite. Diese Bewegungsmittellinie lässt sich häufig an der Körperhaltung erkennen: Es gibt Menschen, die von ihrer seitlichen Bewegungsmittellinie her mehr nach vorn oder nach hinten geneigt sind. Diese Neigung nach vorn oder hinten kann sich entsprechend der jeweiligen Situation oder Aufgabenstellung verändern.

Die dritte Dimension bezeichnet man als **„Zentrierung"**. Hier geht es um die Trennung zwischen dem oberen und unteren Gehirnbereich. Dies ist vor allem die Trennung zwischen dem Neokortex und dem limbischen System. Auf den Körper bezogen befindet sich die Trennung ungefähr in Höhe der Gürtellinie, die unsere beiden Körperhälften in die oberen und die unteren Extremitäten unterteilt. Lassen Sie uns nun kurz auf die einzelnen Dimensionen eingehen.

Lateralität: Wie die Gehirnhälften zusammenarbeiten

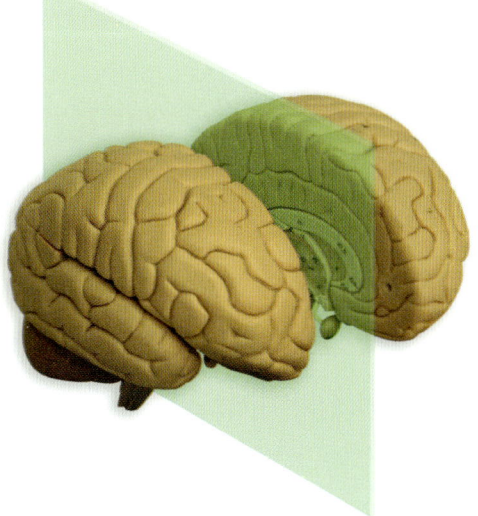

Man unterscheidet heute nicht mehr zwischen linker und rechter Gehirnhälfte, sondern zwischen Logikhälfte und Gestalthälfte. Denn es gibt sowohl Menschen, bei denen die Logikhälfte links und die Gestalthälfte rechts ist, als auch Menschen, bei denen die Gestalthälfte links und die Logikhälfte rechts liegt.

Es ist in der Wissenschaft bekannt, dass bereits im Krabbelalter über gegengleiche Bewegungen von Armen und Beinen die ersten Verbindungen zwischen Logik- und Gestalthälfte geschaffen werden. Daher ist es durchaus möglich, dass Kinder, die nicht krabbeln, gewisse Grundverbindungen zwischen der Logik- und Gestalthälfte nicht angelegt haben. Eine gute bis sehr gute Verbindung der Logik- und Gestalthälfte wird somit nicht automatisch von Anfang an geschaffen.

Unsere Logikhälfte ist dafür verantwortlich, dass wir Einzelheiten erkennen und aus den erkannten Details ein Gesamtbild erstellen. Die Logikhälfte sammelt also alle Daten, Fakten und Wahrnehmungen und bringt die Dinge auf den Punkt. Die Gestalthälfte dagegen erfasst das Gesamtbild. Deswegen kann sie nur schwer Einzelheiten erkennen und übersieht diese manchmal einfach. Ein Beispiel ist das Lesen eines Textes oder eines Wortes: Unsere

> **Die Logikhälfte sammelt alle Daten, Fakten und Wahrnehmungen und bringt die Dinge auf den Punkt. Die Gestalthälfte dagegen erfasst das Gesamtbild.**

Logikhälfte erkennt innerhalb eines Wortes die einzelnen Buchstaben, die Gestalthälfte hingegen erfasst den Sinn und/oder das Bild des Wortes.

Die Zahl der Nervenverbindungen zwischen der Logik- und der Gestalthälfte ist entscheidend für unsere geistige und körperliche Flexibilität sowie unsere Konzentrationsfähigkeit.

Fokussierung: Wie Vorder- und Hinterhirn kooperieren

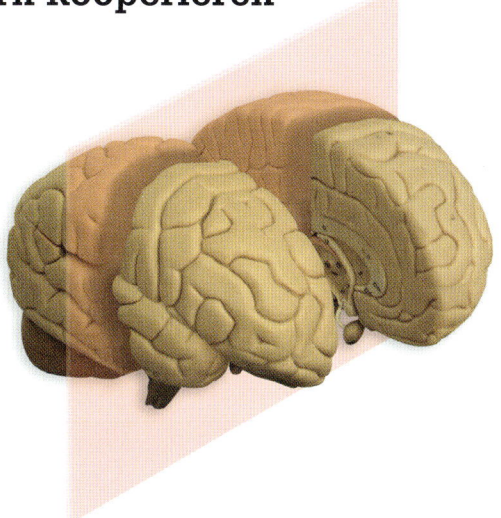

Die zweite Gehirn-Dimension ist die Fokussierung, die Trennung zwischen unserem vorderen und hinteren Gehirnbereich. Sind die Verbindungen zwischen diesen beiden Gehirnbereichen nicht in ausreichendem Maß vorhanden, so haben wir Schwierigkeiten, uns mühelos auszudrücken und aktiv zu arbeiten. Im vorderen Bereich unseres Gehirns befinden sich viele Zentren, die mit aktivem Denken, mit Ausdruck und Voraussicht zu tun haben. In diesem Bereich fällen wir Entscheidungen. Im hinteren Bereich des Gehirns hingegen befinden sich vor allem unsere Grobdaten und unsere Wahrnehmungszentren, wie zum Beispiel das Hörzentrum und die visuelle Wahrnehmung. Hier bekommen wir einen Eindruck von der jeweiligen Lage und handeln aufgrund unserer Wahrnehmung oft intuitiv.

Beide Verhaltensweisen, sowohl das aktive Treffen von Entscheidungen und das aktive Handeln als auch die intuitive Reaktion, müssen von unserem Gehirn in der entsprechenden Situation richtig gesteuert werden. Wir müssen sowohl aktiv handeln als auch intuitiv reagieren können – und dies immer in der richtigen Weise, das heißt, der entsprechenden Situation angepasst.

Auch hier ist es notwendig, dass sehr viele Verbindungslinien vorhanden sind. Je mehr Verbindungen existieren, umso später und seltener geraten wir in so genannte Blackout-Situationen und handeln, wenn nötig, intuitiv richtig.

> **Im vorderen Bereich unseres Gehirns befinden sich viele Zentren, die mit aktivem Denken, mit Ausdruck und Voraussicht zu tun haben. In diesem Bereich fällen wir Entscheidungen. Im hinteren Bereich des Gehirns hingegen befinden sich vor allem unsere Grobdaten und unsere Wahrnehmungszentren.**

Zentrierung: Wie sich die oberen und unteren Gehirnbereiche ergänzen

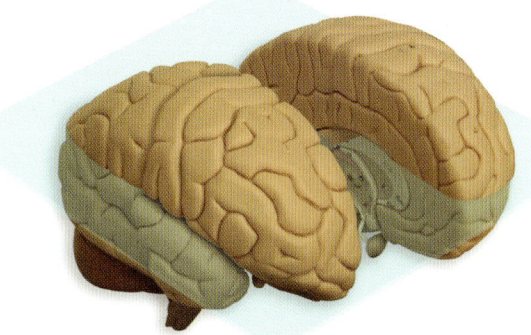

Die dritte Gehirn-Dimension betrifft die Zentrierung. Damit ist die Trennung zwischen den oberen und unteren Gehirnbereichen, das bedeutet, unserem Wissensspeicher und unseren Gefühlen gemeint. Während sich in der Großhirnrinde das abstrakte Denken befindet, sitzen in unserem limbischen System die Emotionen. Alle unsere Urreflexe wie Schluckreflex, Saugreflex, Lidschlussreflex sowie unsere kompletten emotionalen Steuerungen und emotionalen Verbindungen zu Erlebnissen befinden sich im unteren Bereich unseres Gehirns.

> **Während sich in der Großhirnrinde das abstrakte Denken befindet, sitzen in unserem limbischen System die Emotionen und Urreflexe.**

Wenn wir eine bestimmte Situation erleben, speichern wir das Bild, die Geräusche und die Situation wertungsfrei und „emotionslos" im oberen Bereich des Gehirns ab. Die entsprechende Emotion zu dieser Situation speichern wir dagegen im unteren Bereich des Gehirns.

Erst durch die Verbindung beider Bereiche erfassen wir gleichzeitig die Bedeutung einer Situation und das dazugehörige Gefühl. Alle emotionalen Handlungen werden also zwischen dem abstrakten Denken und dem limbischen System gesteuert.

Bei ausgeprägten Verbindungen nehmen sowohl unsere Ängste als auch unsere Aggressivität ab. Unsere emotionalen Handlungen werden ausgeglichener, und wir können das Leben mit mehr Ruhe angehen.

Das BRAINKINETIK-Gehirn-Körper-Modell

Wie Sie gesehen haben, setzt sich das Gehirn aus den drei Dimensionen Lateralität (Gestalthälfte und Logikhälfte), Fokussierung (vorderer und hinterer Bereich) und Zentrierung (oberer und unterer Bereich) zusammen.

Wenn wir uns unser Gehirn als Ganzes vorstellen und eine senkrechte Trennlinie durch das Corpus callosum ziehen, erhalten wir eine linke und eine rechte Gehirnhälfte (bzw. zwei Gehirnteile).

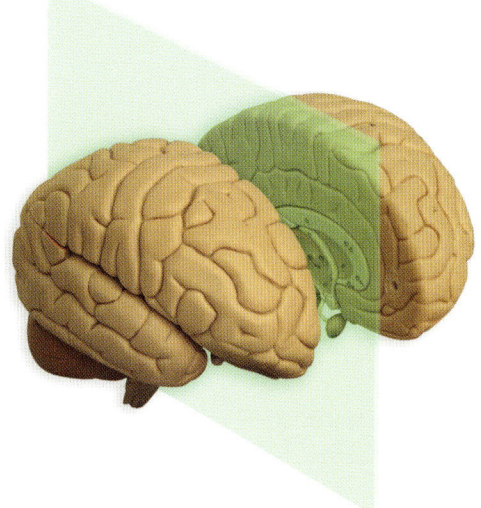

Wir ziehen jetzt eine zweite senkrechte Trennlinie in der Mitte des vorderen und hinteren Gehirnbereichs. Diese Trennlinie ist unsere Bewegungsmittellinie für die Fokussierung. Wir unterteilen somit das Gehirn in vier Teile.

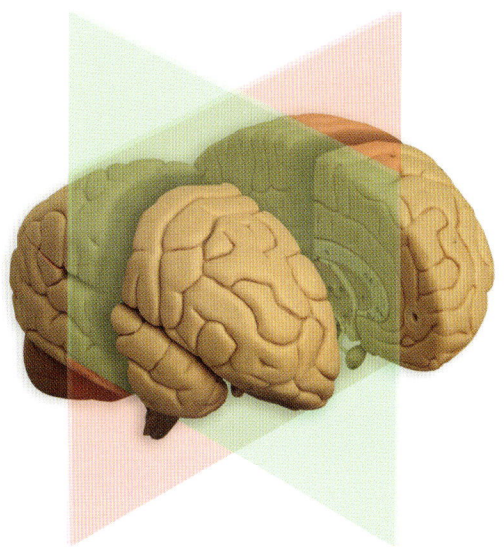

Um den oberen Gehirnbereich vom unteren zu trennen, ziehen wir eine dritte zentrale Trennlinie von vorn horizontal, leicht schräg nach hinten. Diese Linie trennt den Bereich der Zentrierung in den oberen und unteren Gehirnbereich. Jetzt haben wir acht Gehirnteile.

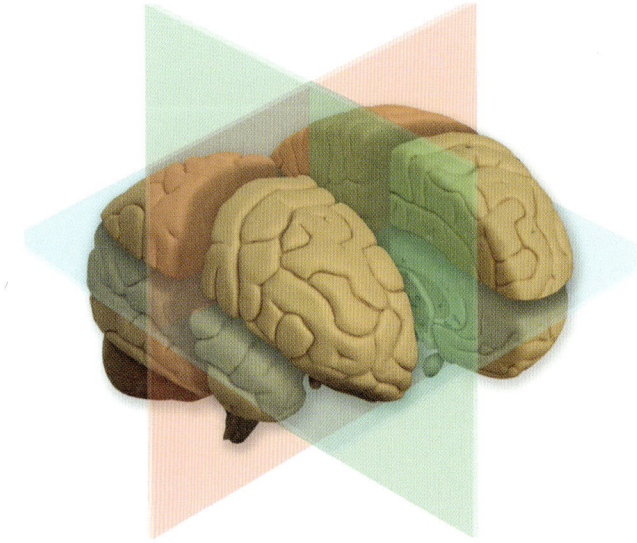

Diese Gehirneinteilung ist die Grundlage für das BRAINKINETIK-Gehirn-Körper-Modell. Die Einteilung steht in keiner Verbindung mit den anatomischen Teilen des Gehirns. Das Modell dient ausschließlich dazu, die Teile des Gehirns so darzustellen, dass ihre Verbindungen zu bestimmten Körperteilen eindeutig erkennbar sind. Im Umkehrschluss lässt sich erkennen, über welche Körperteile wir bestimmte Teile des Gehirns gezielt aktivieren können. Die Konsequenzen aus der Anwendung des Modells sind enorm und erschließen ungeahnte Potenziale.

Die acht Körperteile

Wenn wir uns jetzt unseren Körper vorstellen und eine senkrechte Trennlinie durch unsere Körpermitte ziehen, erhalten wir eine linke und eine rechte Körperseite.

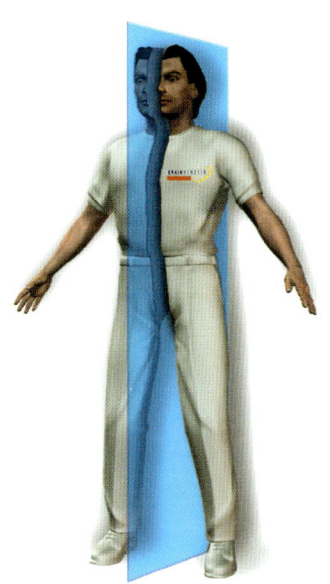

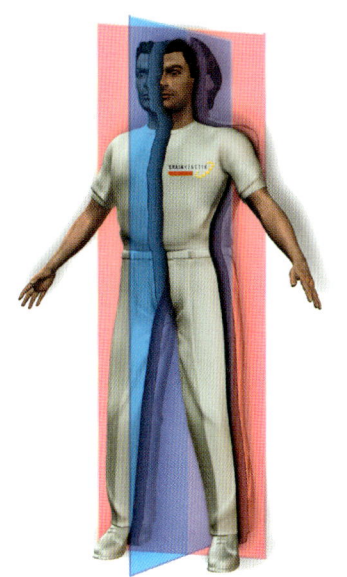

Im nächsten Schritt betrachten wir unseren Körper von der Seite und ziehen eine zweite senkrechte Trennlinie zwischen vorderem und hinterem Körperteil. Diese Trennlinie ist unsere Bewegungsmittellinie. Wir erhalten somit vier Körperbereiche.

Für die Trennung des oberen Körperbereichs vom unteren ziehen wir eine dritte Trennlinie oberhalb der Hüftknochen. Wir erhalten jetzt analog zum Gehirnmodell die acht Teile unseres Körpers.

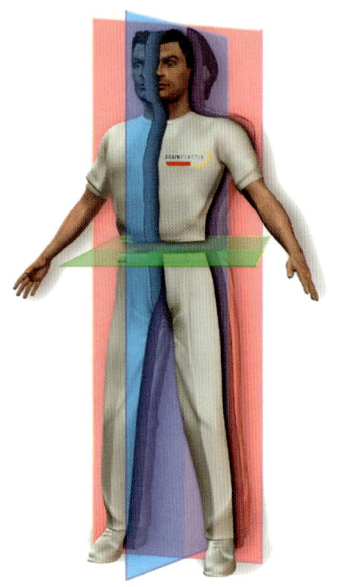

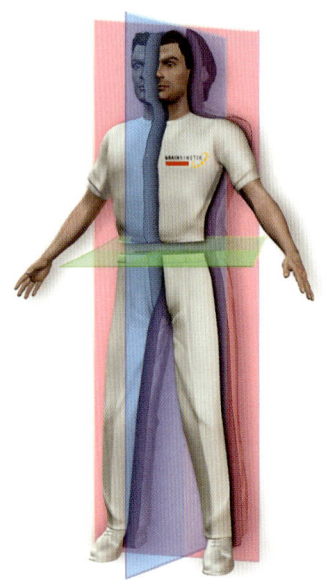

Stellen wir die acht Bereiche des Gehirns den acht Körperbereichen gegenüber, erkennen wir die Zusammenhänge des Gehirn-Körper-Modells. Hierbei müssen wir beachten, dass die linke Gehirnhälfte die rechte Körperseite und die rechte Gehirnhälfte die linke Körperseite steuert. Dieser Überkreuzfluss existiert aber nur in der Dimension links-rechts. Eine Überkreuzung der Informationen von vorn-hinten und oben-unten findet aufgrund der bisher gemachten Erfahrungen nicht statt.

Die Gradwanderung zwischen Leistungsoptimierung und Burnout

Waren Sie schon einmal in Florenz? In kaum einer anderen Stadt dieser Welt gibt es so viel Kunst, Kultur und so viele Museen.

Im Jahr 1827 schrieb der französische Dichter Stendhal nach dem Besuch mehrerer Museen an einem Tag: „Ich hatte starkes Herzrasen, ich war bis zum Äußersten erschöpft und fürchtete umzufallen." Schließlich erlitt er einen Schwächeanfall und musste in einem Sanatorium wieder aufgepäppelt werden. Seither nennt man solche Schwächeanfälle, die vermehrt in Florenz auftraten, wenn Touristen zu viel Kultur auf einmal konsumierten, **Stendhal-Syndrom.** Eine Studie von Florentiner Psychiatern aus den 80er Jahren des vorigen Jahrhunderts bewies erneut, dass ein Zuviel an Informationen und Eindrücken krank macht. Die Reizüberflutung führt zu Orientierungslosigkeit, Identitätsverlust, Delirium bis zur Bewusstlosigkeit.

Was das Stendhal-Syndrom bei einer kulturellen Reizüberflutung ist, ist das Burnout-Syndrom in unserer heutigen informationsüberladenen und hektischen Zeit.

Wie viele Museen mit Kultur und Kunst können Sie besuchen, ohne das Stendhal-Syndrom zu bekommen? Wie viele Informationen, beruflich und privat, können Sie in kürzester Zeit verarbeiten, bis Sie ein Burnout bekommen? Diese Fragen sind schwer zu beantworten. Zum einen ist jeder von uns ein Individuum mit unterschiedlicher Lebensgeschichte und Leistungsfähigkeit. Zum anderen kann ein Schwächeanfall oft ganz plötzlich passieren. Häufig ohne Vorwarnung, vor allem dann, wenn Sie die Zeichen Ihres Körpers nicht ernst nehmen.

Was können wir tun, um mit der Informationsflut und der Geschwindigkeit unserer heutigen Zeit mithalten zu können, ohne ein Burnout zu bekommen? Vieles wird heute angeboten, um unser Gehirn noch leistungsfähiger zu machen. Seminare, Trainings, Coachings, sogar Nahrungsergänzungsmittel versprechen wahre Wunder. Es entsteht schon beinahe der Eindruck, dass die Krankheit Burnout erfunden wurde, um einen neuen Markt zu schaffen. Viele Methoden werden angepriesen, um unser Gehirn schneller, flexibler usw. zu machen, und das in kürzester Zeit. Wo bleibt die Erholungsphase? Sind dies nicht auch wieder alles Reize, die unser Gehirn zusätzlich verarbeiten muss?

Genau an dieser Stelle beginnt die Gradwanderung zwischen Leistungsoptimierung und Burnout. Was im ersten Moment zur Leistungsoptimierung dient, kann genauso in ein Burnout führen.

Bei der Entwicklung von BRAINKINETIK im Jahre 1999 stand von meiner Seite ebenfalls die Leistungsoptimierung um jeden Preis im Mittelpunkt. Damals war ich fasziniert von den Ansprüchen: höher, schneller, weiter, besser. Immer mehr Aufgaben in noch kürzerer Zeit erledigen. Die Spirale der geistigen Leistungsfähigkeit immer weiter nach oben zu drehen, war für mich ein gigantisches Erlebnis. Immer komplexere Übungen, ständig neue Übungen, neue Impulse in möglichst kurzen Abständen, das war der Weg zu unbegrenzter Leistungsfähigkeit.

Zum Glück spürte ich im Jahr 2006 die ersten Anzeichen der Reizüberflutung durch das Training und den immer schneller werdenden Informationsfluss im Businessalltag.

Mir wurde klar, dass sich die Zeiten geändert haben. Es geht nicht mehr um höher, schneller, weiter, besser. Es geht um Stabilität, Konstanz und Konsequenz. Es geht nicht darum, wie schnell man am Ziel ankommt. Es geht darum, dass man ankommt. Immer mehr von uns bleiben auf der Strecke. Immer mehr von uns können ihren Ruhestand nicht mehr genießen. Dies zeigen auch die explosionsartig angestiegenen psychischen Erkrankungen im Business und die daraus resultierenden krankheitsbedingten Fehltage bis hin zur Arbeitsunfähigkeit.

Dies gilt nicht nur im Berufsalltag, sondern auch im Spitzensport. Gerade im Spitzensport ist eine mentale Stabilität von außerordentlicher Bedeutung. Eine Studie der Universität Heidelberg hat die Wirkung und die Wichtigkeit von BRAINKINETIK für den Profisport bestätigt. In der Studie wurden in der Saisonvorbereitung bei Handballern zwei Gruppen gebildet. Gruppe eins wurde über sechs Wochen sportartspezifisch trainiert mit zusätzlich drei Ausdauereinheiten pro Woche. Gruppe zwei hatte das gleiche Training mit dem Unterschied, dass eine der Ausdauereinheiten durch eine Einheit BRAINKINETIK ersetzt wurde. Vor Beginn

> **Es geht nicht mehr um höher, schneller, weiter, besser. Es geht um Stabilität, Konstanz und Konsequenz.**

der Studie wurden bei allen Sportlern die Ausdauerwerte gemessen und ein Intelligenztest unter Belastung durchgeführt. Bei der Auswertung der Ausdauerwerte nach der sechswöchigen Studie gab es keine Unterscheide in der Ausdauerleistung. Beim Intelligenztest unter Belastung war die zweite Gruppe deutlich besser. Die Auswertung der Studie ergab, dass das BRAINKINETIK-Training zu einer signifikanten Verbesserung der Ermüdungswiderstandsfähigkeit führt. Somit kann die Konzentration beim Ausüben der jeweiligen Sportart länger aufrechterhalten und damit die Leistung, ohne die Grenze der mentalen Erschöpfung zu überschreiten, gesteigert werden.

Darum hat sich BRAINKINETIK zur Aufgabe gemacht, die Gradwanderung zwischen Leistungsoptimierung und Burnout zu meistern. Alle Übungen wurden in diesem Kontext noch einmal überprüft, neu kombiniert, angepasst und optimiert. So ist jetzt aus BRAINKINETIK ein aktivierendes Training geworden, das nicht überfordert. Das Training wird von ausgebildeten Trainern individuell an die Lebens- und Berufssituation jedes Einzelnen angepasst. Begleitend an die Veränderungen im Lebens- und Berufsalltag werden die Übungen und

> **Darum hat sich BRAINKINETIK zur Aufgabe gemacht, die Gradwanderung zwischen Leistungsoptimierung und Burnout zu meistern.**

Trainings stets angeglichen. Mit einem individuellen BRAINKINETIK-Personalcoaching erreichen Sie die gewünschte Leistungsoptimierung ohne Burnout-Risiko.
Sie erhöhen Ihre Leistungsfähigkeit auf einem Fundament der Stabilität.
Sie schaffen es, konstant Ihren persönlichen Weg zu gehen.
Sie kommen mit Konsequenz sicher an Ihrem Ziel an.

BRAINKINETIK – Anti-Stress-Training

Für den nachfolgenden Übungsteil habe ich Grundübungen gewählt, die Sie allein ausführen können. Bei regelmäßigem Training werden Sie eine deutliche Verbesserung Ihres Stressempfindens spüren.

Was ist bei den Übungen zu beachten?

1. Üben Sie maximal zweimal in der Woche.
2. Zwischen den einzelnen Übungstagen sollen mindestens drei Tage Pause liegen.
3. Die Übungsdauer sollte mindestens 30 Minuten betragen.
4. Üben Sie step by step, machen Sie erst mit der nächsten Übung weiter,
   wenn die vorherige klappt.

   Haben Sie Spaß!

Für die nachfolgenden Übungen benötigen Sie zwei Bälle. Von der Größe her eignen sich Tennisbälle. Sie können aber auch andere Bälle wie zum Beispiel Jonglierbälle, Golfbälle, Tischtennisbälle usw. verwenden.

Basisübung 1:
Training der Lateralität im oberen Bereich des Gehirns

1. Nehmen Sie in jede Hand einen Ball.

**1.1 Werfen Sie den Ball in der rechten Hand hoch und fangen Sie ihn wieder.
   Wiederholen Sie dies mehrmals.**

**1.2 Werfen Sie den Ball in der linken Hand hoch und fangen Sie ihn wieder.
   Wiederholen Sie dies mehrmals.**

1.3 Werfen Sie beide Bälle gleichzeitig und parallel zueinander hoch und fangen Sie diese wieder. Wiederholen Sie dies mehrmals.

1.4 Werfen Sie beide Bälle weiter gleichzeitig und parallel zueinander hoch und fangen Sie sie wieder. Die Bälle dürfen sich nicht kreuzen. Ihre Arme sind zuerst parallel zueinander. Dann werfen Sie die Bälle hoch. Sobald die Bälle in der Luft sind, kreuzen Sie Ihre Arme.

Fangen Sie die Bälle mit gekreuzten Armen. Jetzt werfen Sie die Bälle mit gekreuzten Armen hoch. Sobald die Bälle in der Luft sind, halten Sie die Arme wieder parallel und fangen die Bälle mit parallelen Armen.

Führen Sie die Übung nun im ständigen Wechsel
ohne Unterbrechung durch.

Stellen Sie sich hinter eine Linie. Dabei ist die Linie die gedachte Trennung zwischen Ihrem vorderen und hinteren Teil des Gehirns gemäß dem BRAINKINETIK-Gehirn-Körper-Model. Sie stehen also bildlich mit beiden Beinen im hinteren Teil des Gehirns.

Ausgangsstellung:

(L = linkes Bein; R = rechtes Bein)

Springen Sie nun in folgender vorgegebenen Reihenfolge über die Linie.

1. Mit dem linken Bein vor die Linie –
   rechtes Bein in der Luft

2. Mit dem rechten Bein hinter die Linie –
   linkes Bein in der Luft

3. Mit beiden Beinen vor der Linie

4. Mit dem linken Bein hinter die Linie –
   rechtes Bein in der Luft

5. Mit dem rechten Bein vor die Linie –
   linkes Bein in der Luft

6. Mit beiden Beinen hinter der Linie.
   Sie sind wieder in der Ausgangsstellung
   angekommen.

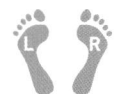

Springen Sie diese Reihenfolge jetzt mehrmals hintereinander ohne Unterbrechung, so oft Sie es hinbekommen. Versuchen Sie es immer wieder, um möglichst viele Wiederholungen ohne Fehler hinzubekommen.

Die Dreidimensionale Anti-Stress-Übung

Bevor Sie mit dieser Übung beginnen, sollten Sie die Basisübung 1 sowie die Basisübung 2 getrennt voneinander problemlos mit mehreren aufeinanderfolgenden Wiederholungen ausführen können. Ideal ist es, wenn Sie beide Basisübungen so trainiert haben, dass die Übungen automatisiert sind.

Der Übungsablauf für die Dreidimensionale Anti-Stress-Übung ist in drei Schwierigkeitsstufen untergliedert.

Schwierigkeitsstufe 1

Nehmen Sie beide Bälle in die Hand und stellen Sie sich hinter die Linie wie in Basisübung 2.

1.1 Springen Sie die Basisübung 2 und werfen Sie dabei den Ball
in der rechten Hand hoch und fangen ihn wieder wie bei Basisübung 1.1.

1.2 Springen Sie die Basisübung 2 und werfen Sie dabei den Ball
in der linken Hand hoch und fangen ihn wieder wie bei Basisübung 1.2.

Schwierigkeitsstufe 2

Nehmen Sie beide Bälle in die Hand und stellen Sie sich hinter die Linie wie in Basisübung 2.

1.1 Springen Sie die Basisübung 2 und werfen Sie dabei beide Bälle
gleichzeitig parallel hoch und fangen die Bälle wieder wie bei Basisübung 1.3.

Schwierigkeitsstufe 3

Nehmen Sie beide Bälle in die Hand und stellen Sie sich hinter die Linie wie in Basisübung 2.

1.1 Springen Sie die Basisübung 2 und werfen Sie dabei beide Bälle
gleichzeitig parallel hoch und fangen die Bälle mit gekreuzten Armen.
Die Bälle dann wieder mit gekreuzten Armen hochwerfen und danach
mit parallelen Armen auffangen. Führen Sie dies im ständigen Wechsel
durch wie bei Basisübung 1.4.

Vital durch das Feuer

Burnout-Vorbeugung mit BRAINKINETIK-Meditation

Es gibt eine Vielzahl von Meditationstechniken, die sich nach ihrer Herkunft unterscheiden. Vor allem in den 70er-Jahren des vorigen Jahrhunderts wurden fernöstliche Meditationstechniken an die westlichen Bedürfnisse angepasst.

Grundsätzlich kann man die Meditationstechniken in zwei Formen einteilen:
1. Die passive Meditation
2. Die aktive Meditation

Wenn im Allgemeinen von Meditation gesprochen wird, ist vor allem die passive Form gemeint. Das Bild des sitzend meditierenden Buddhas erscheint sofort vor unserem geistigen Auge. Die passive Meditation, die im stillen Sitzen praktiziert wird, prägt unsere Vorstellung über Meditation. Tatsächlich kann die Meditation das passive Loslassen und Geschehenlassen beinhalten wie auch die aktive Aufmerksamkeitslenkung. Die Aufmerksamkeit und Achtsamkeit aktiv zu lenken, ist Sinn der aktiven Meditation. Dies geschieht in Form körperlicher Bewegung und achtsamen Handelns.

Die BRAINKINETIK-Meditation ist eine aktive Meditation. Durch diese Form werden die Konzentration und die Achtsamkeit auf das eigene Selbst verstärkt. Der Übende konzentriert sich nur auf eine bestimmte Bewegungsform aus den BRAINKINETIK-Übungen. Oft verbunden mit der Konzentration auf ein Objekt, wie z. B. ein Übungsgerät. In der Meditationsübung, die ich Ihnen hier vorstelle, ist es die oben stehende Basisübung 1.4. Das Objekt der Konzentration sind die zwei Bälle, die Sie für diese Übung benötigen. Die konzentrierte Fokussierung auf den Bewegungsablauf bewirkt eine Ausschaltung des alltäglichen Gedankenflusses und führt zu einer tiefen Entspannung des Geistes. Dies wird durch die gleichzeitige Konzentration und Achtsamkeit auf das Übungsgerät (z. B. Bälle) noch verstärkt. In dem dadurch entstehenden tiefen Entspannungszustand werden im Gehirn neue Nervenverbindungen von enormer Stabilität geschaffen. Die Basis für eine Burnout-Vorbeugung. Es entsteht eine tiefe innere Ruhe, der Herzschlag verlangsamt sich, die Atmung vertieft sich und die Muskelspannung reduziert sich.
Je öfter Sie die BRAINKINETIK-Meditation ausführen, desto besser übertragen Sie diese Wirkungen auf Ihren Alltag. Nicht nur das. Dadurch dass Sie die Übungen mit viel Achtsamkeit ausführen, wird in dem tiefen Meditationszustand, den Sie erreichen, Ihre Achtsamkeit geschult. Wie von selbst beginnen Sie, achtsamer mit sich umzugehen. Diese wiederentdeckte Achtsamkeit wirkt sich auf Ihr Umfeld aus. Sie beginnen, achtsamer mit Ihren Mitmenschen, mit den Tieren und der Natur umzugehen.

Die Wirkung der BRAINKINETIK-Meditation kann durch das Hören von spezieller Musik noch unterstützt werden. Hierfür wurde eigens eine besondere Musik für die BRAINKINETIK-Meditation komponiert, die gleichzeitig beruhigt und die unterschiedlichen Gehirnbereiche nach dem BRAINKINETIK-Gehirn-Körper-Model aktiviert. Bestimmte aufeinanderfolgende Klänge aktivieren das Gehirn in der Meditation gezielt.

Anleitung zur BRAINKINETIK-Meditation

Als Meditationsübung nehmen wir die in diesem Buch beschrieben Basisübung 1 ab der Seite 93. Wichtig dabei ist, dass diese Übung von Ihnen schon fehlerfrei ausgeführt werden kann. Diese Übung ist eine aktive Form der Meditation.

1. Setzen Sie sich bequem hin (auf einen Stuhl oder auf den Boden)

2. Beginnen Sie mit der Basisübung 1 wie ab Seite 93 beschrieben bis zu 1.4

3. Führen Sie die Übung 1.4 mindestens 5 Minuten ohne Unterbrechung durch.
   Auch wenn Ihnen ein Ball runterfällt, bleiben Sie in Ihrer Konzentration.
   Heben Sie den Ball achtsam auf und machen Sie unbeirrt weiter.
   Jede Bewegung verstärkt die Konzentration.

4. Lehnen Sie sich anschließend zurück und schließen Sie die Augen. Lassen Sie die Gedanken kommen und gehen. Halten Sie die Gedanken nicht fest. Spüren Sie vielmehr, wie Ihr Gehirn neue Nervenverbindungen für mehr Konzentration und Achtsamkeit anlegt.

Wie lange Sie in diesem entspannten Zustand bleiben, dürfen Sie selbst entscheiden. Ihr Gefühl wird Sie leiten.
Hatten Sie einen stressigen Tag, können Sie nicht einschlafen, wachen Sie bei Nacht immer wieder auf, fühlen Sie sich am nächsten Morgen nicht erholt, dann führen Sie die BRAINKINETIK-Meditation direkt vor dem Einschlafen im Bett aus. Gleiten Sie von der aktivierenden Meditation über den Entspannungszustand in einen erholsamen Schlaf.

Fitness

Dauerhaft fit und gesund

Für Spitzensportler und Shaolin-Mönche ist Bewegung selbstverständlich, denn sie wissen, dass ihr Körper ihr Kapital ist. Das wissen natürlich viele andere auch. Nur ignorieren viele diese Tatsache, solange sie kein Problem mit ihrem Körper haben. Laut einer von der britischen Fachzeitschrift „The Lancet" veröffentlichten Studie ist ein Drittel der erwachsenen Weltbevölkerung körperlich inaktiv. Der Couch-Potato-Lebensstil kostet jährlich rund fünf Millionen Menschen das Leben. Die Kombination von Bewegungsmangel, chronischem Stress, ungesunder Ernährung, keinen oder nur geringen sozialen Kontakten führt zu Erkrankungen und im Extremfall zum geistigen und/oder körperlichen Zusammenbruch.

Der Mensch ist auf Bewegung programmiert. Diesbezüglich hat sich seit der Steinzeit nichts geändert. Was sich aber geändert hat, ist unsere Arbeitsweise. Der heutige Arbeitsalltag ist geprägt von sitzender oder einseitiger Tätigkeit, was zu einer Verkümmerung der Muskulatur führt. Zusätzlich steigen die chronischen Belastungen kontinuierlich an. Stressforscher Sepp Porta hat nachgewiesen, dass der Organismus durch ein gut dosiertes Bewegungsprogramm hervorragend auf zukünftige psychische Belastungen vorbereitet werden kann. Je stärker und gesünder der Körper ist, desto geringer ist der Stress, der aus den Belastungen resultiert. Je mehr Muskeln Sie haben, desto mehr Zellen haben Sie, und je größer die Anzahl der Zellen ist, desto mehr Stresshormone können in den Kraftwerken der Zellen, den Mitochondrien, entsorgt werden. Wer also seinen chronischen Stress reduzieren möchte, muss die Anzahl der Kraftwerke (Mitochondrien) erhöhen. Und wie machen wir das? Mit Krafttraining! Sepp Porta bezeichnet diese beeindruckende Wirkung des Krafttrainings scherzhaft als „Arnold-Schwarzenegger-Effekt".

Aber nicht nur Krafttraining fördert den Stresshormonabbau, sondern jede Form der Bewegung, die Sie regelmäßig durchführen. Ich möchte an dieser Stelle speziell auch auf das Ausdauer- und Koordinationstraining verweisen. Ausdauertraining im richtigen Pulsbereich wirkt wahre Wunder beim Stressabbau. Studien belegen, dass richtig dosierter Ausdauersport neben seinen vielen positiven Wirkungen auf unseren Organismus auch Depressionen lindert. Ich empfehle Ihnen, dass Sie sich mindestens dreimal pro Woche ein Sportprogramm im Umfang von 45 bis 60 Minuten durchführen. Sei es ein Krafttraining, ein Ausdauertraining, eine Gymnastikeinheit im Fitnessstudio oder auch ein zügiger Spaziergang. Hauptsache, Sie bewegen sich und es macht Ihnen Spaß!

Der Einfluss der Bewegung auf die geistige Leistungsfähigkeit

Durch körperliches Training wird nicht nur der Abbau stressrelevanter Säuren erleichtert, sondern es unterstützt auch die Behandlung von Stoffwechselproblemen wie Diabetes Typ 2 oder Adipositas. Neueste Erkenntnisse der Neurowissenschaften zeigen, dass Ausdauer-, Kraft- und Koordinationstraining nicht nur einen günstigen Einfluss auf den Stoffwechsel und den Stresshormonhaushalt haben, sondern auch die Denk- und Wahrnehmungsprozesse positiv beeinflussen. Aufgrund dieser umfangreichen leistungsfördernden Wirkungen können die täglichen beruflichen Anforderungen folglich besser bewältigt werden.

So kommt es laut aktuellen Studien zur:

- Verbesserung des visuell räumlichen Gedächtnisses
- Verbesserung der Konzentrationsfähigkeit
- Erhöhung der Verarbeitungsgeschwindigkeit
- Verbesserung des Erinnerungsvermögens
- Verbesserung der Stimmung und Linderung von Depressionen

Eine der interessantesten Erkenntnisse der letzten Jahre des Neurowissenschaftlers Stefan Schneider am Institut für Bewegungs- und Neurowissenschaft der Deutschen Sporthochschule in Köln ist, dass Sport offenbar Kortex-Bereiche, die für kognitive Vorgänge zuständig sind, entlasten kann, was vor allem in Bezug auf die geistige Erholung von großer Bedeutung ist. Bewegung reduziert somit erheblich die Auswirkungen von chronischem Stress und beugt deswegen Burnout aktiv vor.

Der Weg in ein bewegtes Leben

Die Einführung eines „bewegten Lebensstils" kann in mehreren Schritten erfolgen.

1. Schritt: Erhöhung des Bewegungskontos

Sind Sie kein Spitzensportler und hatten bisher kein oder nur ein sehr geringes Bewegungspensum, dann empfiehlt sich, dass Sie im ersten Schritt Ihre Alltagsbewegungen intensivieren. Eine einfache Maßnahme für mehr Bewegung ist die Erhöhung der täglich zurückgelegten Schritte. Die Weltgesundheitsorganisation empfiehlt, dass Sie täglich mindestens 10.000 Schritte zurückgelegen sollten. So entspricht ein dreißigminütiger Spaziergang in etwa 4.000 Schritten. Um die tägliche Schrittzahl zu erhöhen, benutzen Sie so oft wie möglich das Treppenhaus, gehen Sie zu Fuß zum Einkaufen und verzichten Sie, wenn möglich, so gut es geht auf Ihr Auto.

2. Schritt: Aktivpausen in den Alltag integrieren

Im Sport sind Pausen völlig normal. Im Beruf nutzen viele Menschen leider diese Möglichkeit nicht. Die Gründe sind häufig fehlende Akzeptanz des Arbeitergebers oder auch der Kollegen. Auch im Beruf wird der gesundheitsfördernde Wert von aktiven Pausen durch viele Studien belegt. So verbessert sich die Leistungsfähigkeit nach aktiven Pausen sofort um 13 %. Gehen Sie also an die frische Luft, falls es möglich ist, oder führen Sie nach Bedarf kurze Bewegungspausen mit Ausgleichs- oder Entspannungsübungen durch. Die Zigarette in der Pause ist natürlich nicht zielführend. Genauso sollten Sie in der Pause nicht über die Probleme im Unternehmen weiterdiskutieren. Aktive Entspannungs- und Bewegungspausen sollten regelmäßig in den Arbeitsalltag integriert werden. Nur wer Pausen macht, kann Höchstleistungen erzielen. Eine Umsetzung von Aktivmaßnahmen am Arbeitsplatz wäre im Sinne einer Präventionsarbeit dringend erforderlich. Aktivpausen dienen vor allem dem Ausgleich monotoner Arbeitsweisen und der körperlichen und geistigen Regeneration. Sie können einfache Probleme mit dem Bewegungsapparat kurzfristig beheben und die Konzentration und Leistungsbereitschaft auf einfache Weise verbessern.

3. Schritt: Aufbau eines stabilen Muskelkorsetts mit funktionellem, gesundheitsorientiertem Krafttraining

Ich habe schon mehrmals auf die Notwendigkeit eines Krafttrainings für die Burnout-Prävention hingewiesen. Darüber hinaus führt ein gut gekräftigtes Muskelkorsett zu einem verbesserten Körpergefühl, zu einer erhöhten Standsicherheit und es verbessert die individuelle Ermüdungswiderstandsfähigkeit. Durch ein regelmäßiges Krafttraining kann die Kraft bis zum 60. Lebensjahr weitgehend konstant gehalten werden. Ab diesem Zeitpunkt wird zumindest die Geschwindigkeit der Leistungsabnahme verringert, und ein gutes Kraftniveau kann bis ins hohe Alter erhalten bleiben.

Mit Aktivpausen die optimale Leistungszone herstellen

Um Top-Leistungen zu erzielen, muss ein Sportler in der Lage sein, vor- und während eines Wettkampfes eine optimale körperlich-geistige Aktivierungslage herzustellen. Man spricht im Sport von einer optimalen Wettkampfbereitschaft oder der „individuellen Zone des optimalen Funktionierens". Ist die psychophysische Aktivierung beim Sportler zu nieder, bezeichnet man diesen leistungsmindernden Zustand als Startapathie. In diesem Fall ist die Motivation des Athleten für gewöhnlich sehr gering, die Muskelspannung zu nieder, der Sportler ist träge, müde und richtiggehend schlaff. Ist seine Aktivierung zu hoch, nennt man diesen Zustand Startfieber. Der Sportler ist übernervös, verspannt, desorganisiert oder zerstreut. Sowohl Startapathie als auch Startfieber sind keine guten Voraussetzungen für Top-Leistungen. Die Fähigkeit des Sportlers, eine für seine Sportart optimale psychophysische Aktivierungslage herzustellen, ist somit einer der wichtigsten Faktoren für Höchstleistungen im Spitzensport. Der Athlet hat natürlich den großen Vorteil, dass Trainer, Sportpsychologen und Ärzte mit ihm gemeinsam seine optimale Leistungszone erarbeiten und diese auch mit verschiedenen Messverfahren überprüfen können. Als berufstätiger Mensch haben Sie vermutlich kein Betreuungsteam hinter sich, das Sie darin unterstützt, Ihre optimalen Leistungsbedingungen herzustellen. Da sind Eigenverantwortung und eine gute Körperwahrnehmung gefragt. Achten Sie daher auf Ihre körperlichen Signale und Ihren mentalen Zustand. Ist Ihre Anspannung sehr hoch und sind Sie kurz vorm „Explodieren", brauchen Sie beruhigende Maßnahmen. Sind Sie sehr müde, das heißt, Ihr Energielevel ist völlig auf dem Boden, führen Sie aktivierende Maßnahmen durch. Ziel ist es, dass Sie mit aktivierenden und entspannenden Methoden versuchen, Ihre individuelle optimale Leistungszone zu erreichen. Im folgenden Teil finden Sie verschiedene Übungen, die Sie in Abhängigkeit Ihres Zustandes in aktiven Pausen während Ihres Arbeitsalltages durchführen können.

Wie oft sollten Aktivpausen pro Tag durchgeführt werden?

Da der Tagesablauf bei jedem anders ist, lassen sich Dauer und Inhalte nicht genau vorausbestimmen. Jede aktive Pause, auch wenn sie nur eine Minute dauert und nur ein bis zwei Übungen beinhaltet, ist besser als gar keine Aktivpause.

Empfehlung:

Häufigkeit pro Tag:	2- bis 5-mal täglich eine aktive Pause
Dauer der Pause:	1 bis 10 Minuten

Entspannungsübungen für einen kurzfristigen Stressabbau

Diese Übungen haben einen sehr entspannenden Effekt. Ist Ihre Anspannung untertags sehr groß, können Sie in Abhängigkeit Ihrer Stressreaktionen eine emotionale, vegetative, muskuläre oder kognitive Stressabbauübung durchführen (siehe auch Ergebnisse des Tests für die drei Stressreaktionsebenen auf der beigelegten CD). Reagieren Sie beispielsweise in einer Belastungssituation mit emotionalen Stressreaktionen, wählen Sie die emotionale Stressabbauübung „Berühren der Stirnbeinhöcker".

Emotionaler Stressabbau durch Berühren der Stirnbeinhöcker

Diese Übung eignet sich besonders gut, um emotionale Stressreaktionen rasch abzubauen. Falls eine bestimmte Situation bei Ihnen Ärger auslöst oder Sie nicht mehr weiterkommen, können Sie mithilfe dieser Übung negative Emotionen abbauen und stressbedingte geistige Blockaden lösen.

Durchführung:

Stützen Sie sich mit den Ellbogen auf Ihrem Schreibtisch ab und legen Sie die Zeige- und Mittelfinger beider Hände auf Ihre Stirnbeinhöcker. Diese befinden sich zwei- bis dreifingerbreit oberhalb der Augenbrauen. Um diese zu ertasten, fahren Sie vom Haaransatz mit den Fingerspitzen beider Hände in einer senkrechten Linie in Richtung der Augenbrauen, bis Sie deutlich die Erhebungen spüren.

Denken Sie an das Problem, das bei Ihnen den akuten Stress auslöst. Während die Fingerspitzen auf den Stirnbeinhöckern ruhen, kreisen Sie langsam mit Ihren Augen ein paar Mal im Uhrzeigersinn, dann gegen den Uhrzeigerinn. Führen Sie diesen Zyklus zwei- bis dreimal durch. Sollte der Gedanke an den Ärger noch immer negative Emotionen auslösen, wiederholen Sie die Übung.

Wirkungsweise:

Das Berühren der Stirnbeinhöcker führt zu einer verstärkten Durchblutung in diesem Bereich. Das bewirkt, dass die mit der ärgerlichen Situation verbundenen negativen Emotionen und Gedankenblockaden aufgelöst werden. Rationales Denken und vernünftige Entscheidungen werden wieder ermöglicht.

Tipp: Sie können diese Übung auch jederzeit unauffällig bei Besprechungen durchführen, um sich schnell zu entspannen. Legen Sie dazu nur die Fingerspitzen auf Ihre Stirnbeinhöcker, ohne an ein bestimmtes Problem zu denken.

Vegetativer Stressabbau mit tiefer Bauchatmung

Führen Sie diese Übung durch, wenn es bei Ihnen in Folge von Ärger oder Belastungssituationen zu vegetativen Stressreaktionen wie beispielsweise einer schnellen und flachen Brustatmung, einem steigenden Blutdruck und einem rasenden Puls kommt. Hoher vegetativer Stress senkt Ihre Leitungsfähigkeit und kann in der Folge zu Nervosität und Konzentrationsstörungen führen.

Durchführung:

Setzen Sie sich aufrecht auf das vordere Drittel Ihres Stuhls. Der Rücken ist gerade und die Schultern sind entspannt. Legen Sie Ihre Hände ca. drei Zentimeter unter dem Bauchnabel auf den Bauch. Hier befindet sich der untere Dantien, ein wichtiger chinesischer Energiepunkt. Sie können die Augen schließen oder auch geöffnet lassen. Atmen Sie zuerst einmal tief ein und aus. Zählen Sie nun beim Einatmen langsam bis vier und lassen Sie den Atem bewusst in den Unterbauch fließen. Spüren Sie, wie sich Ihr Bauch gegen Ihre Hände nach außen wölbt. Nehmen Sie die darauf folgende Atempause bewusst wahr. Zählen Sie beim Ausatmen wieder langsam bis vier und nehmen Sie auch hier wieder die darauf folgende Atempause wahr. Bei der Ausatmung zieht sich Ihr Bauch wieder langsam nach innen ein. Führen Sie diese Übung ein bis zwei Minuten durch.

Wirkungsweise:

Diese Atemübung reduziert rasch vegetativen Stress, versorgt Sie mit ausreichend Sauerstoff und beruhigt Sie innerhalb von wenigen Minuten.

Tipp: Achten Sie auch während des Alltages so oft als möglich auf eine tiefe Bauchatmung. Sie fördert Ihre Gelassenheit und steigert langfristig Ihre Leistungsfähigkeit.

Muskulärer Stressabbau mit der Progressiven Muskelentspannung

Mit der Kurzform der Progressiven Muskelentspannung bauen Sie schnell stressbedingte muskuläre Verspannungen ab. Muskuläre Anspannung steht häufig in Zusammenhang mit erhöhten Anforderungen, innerer Unruhe oder auch Angst. Ein Mensch, der innerlich angespannt ist, ist meist auch muskulär verspannt. Durch Lockerung Ihrer Muskeln können Sie umgekehrt innere Anspannung abbauen.

Durchführung:

Setzen Sie sich aufrecht auf das vordere Drittel Ihres Stuhles. Schließen Sie die Augen und ballen Sie beide Hände zur Faust. Beißen Sie die Zähne zusammen, drücken Sie die Zunge gegen den Gaumen, ziehen Sie die Schulterblätter nach hinten unten und den Bauch nach innen. Spannen Sie die Gesäß- und Oberschenkelmuskulatur an und ziehen Sie beide Füße und Zehen in Richtung Gesicht. Halten Sie die Spannung fünf bis acht Sekunden, ohne sich zu verkrampfen. Konzentrieren Sie sich ganz bewusst auf das Gefühl der angespannten Muskeln. Mit dem Ausatmen lösen Sie die Spannung aller Muskeln und konzentrieren sich eine Minute lang ganz bewusst auf die immer locker werdenden Muskeln. Atmen Sie während der gesamten Übung ruhig weiter.

Wirkungsweise:

Die Progressive Muskelentspannung führt allgemein zur Reduktion von psychophysischer Aktivierung, kann unterstützend zur Behandlung von Ängsten, Spannungskopfschmerzen, Bauchschmerzen und zur Behandlung von Schlafstörungen eingesetzt werden.

Tipp: Haben Sie nicht viel Zeit oder haben Sie keine Möglichkeit, ungestört zu sein, konzentrieren Sie sich nur auf die Anspannung und Entspannung eines einzelnen Muskels. Spannen Sie dazu beispielsweise den rechten oder linken Unterarm an, indem Sie die Hand zur Faust ballen. Konzentrieren Sie sich auf den angespannten Unterarm und auf die darauf folgende Lockerung der Muskeln. Genießen Sie die aufkommende Entspannung. Diese Miniversion der Muskelentspannung eignet sich besonders gut als Kurzentspannungsübung bei Besprechungen.

Kognitiver Stressabbau mit der Wechselatmung

Je größer der Druck, desto schwerer fällt es uns, die Konzentration zu bewahren und klare Gedanken zu fassen. Stress zeigt sich bei vielen Menschen auch auf der Wahrnehmungs- und Gedankenebene in Form von Gedankenblockaden und Konzentrationsstörungen. Gerade in stressreichen Zeiten ist es notwendig, fokussiert und gleichzeitig gelassen zu bleiben. Mit der Wechselatmung schaffen Sie es, sich kurzfristig zu beruhigen, wieder die Konzentration zu erlangen und einen klaren Kopf zu bekommen.

Durchführung:

Setzen Sie sich aufrecht hin. Atmen Sie zuerst tief ein und aus und wieder ein. Schließen Sie nun mit dem Daumen der linken Hand das linke Nasenloch. Atmen Sie langsam durch das rechte Nasenloch aus und wieder ein. Verschließen Sie nun mit dem Ringfinger der linken Hand das rechte Nasenloch. Atmen Sie langsam und konzentriert durch das linke Nasenloch aus und wieder ein. Wiederholen Sie diesen Rhythmus mindestens acht- bis zehnmal.

Wirkungsweise:

Die Wechselatmung hilft, die Atmung unter Kontrolle zu bringen und wirkt harmonisierend auf alle Körpersysteme. Sie fördert Ihre Konzentrationsfähigkeit und beruhigt Ihre Gedanken. Wechselatmung hilft Ihnen, zur inneren Ruhe und Kraft zu finden.

Tipp: Wenn Sie Ihre Gedanken mit der Wechselatmung nicht unter Kontrolle bringen, sprechen Sie in Gedanken beim Einatmen das Wort „Sat" und beim Ausatmen das Wort „Nam". Die Worte „Sat" und „Nam" kommen aus dem Sanskrit. „Sat" bedeutet „das Sein" und „Nam" bedeutet „der Name, der Prozess des Erkennens". Durch gedankliches Vorsprechen dieser Worte bei der Ein- und Ausatmung ist unser Gehirn beschäftigt und lenkt Sie somit von störenden Gedanken ab. Die Wechselatmung eignet sich besonders gut, um sich vor wichtigen Gesprächen oder großen Auftritten zu beruhigen.

Aktivierungs- und Energetisierungsübungen

Diese Übungen wirken vitalisierend, bringen Ihnen kurzfristig viel Energie und steigern Ihre Konzentration. Sind Sie belastungsbedingt sehr müde, führen Sie in Abhängigkeit Ihrer körperlichen und geistigen Reaktionen eine der folgenden Aktivierungsübungen durch.

Denkmütze aktivieren

Durchführung:

Massieren Sie mit Ihrem Daumen und Zeigefinger ausgiebig beide Ohren. Beginnen Sie bei Ihren Ohrläppchen und arbeiten Sie sich langsam nach oben und dann wieder nach unten. Ziehen Sie dabei die Ohrmuschel leicht nach außen. Am Ende der Übung sind die Ohren angenehm warm. Wiederholen Sie diese Übung mindestens dreimal.

Wirkung:

Die Wirkung dieser Übung ist aufgrund der vielen Reflexpunkte am Ohr sehr vielfältig. Die Massage der Ohren bringt Ihnen schnell Energie und sorgt für gute Laune. Darüber hinaus verbessern Sie Ihre akustische Aufnahmefähigkeit und speichern Gehörtes besser ab. Sie erhöhen Ihre Konzentrationsfähigkeit und verbessern den gesamten Energiefluss im Körper.

Abklopfen der Energiebahnen auf Armen und Beinen

Durchführung:

Klopfen Sie locker die Innen- und Außenseite des Arms mit der flachen Hand ab. Beginnen Sie mit der rechten Handfläche seitlich bei der linken Brust und klopfen Sie langsam an der Innenseite des Arms bis zur Hand und auf der Außenseite der Hand und des Armes wieder zurück zur Schulter. Wiederholen Sie diesen Zyklus dreimal. Danach wechseln Sie auf die rechte Seite, wo Sie den Klopfzyklus ebenso dreimal durchführen.

Klopfen Sie nun mit beiden Handflächen den unteren Rücken ab, das Gesäß und die Beine außen bis zu den Füßen und auf der Innenseite der Beine wieder nach oben, zurück zum Gesäß bis zum unteren Rücken. Wiederholen Sie den Klopfzyklus vom unteren Rücken zu den Füßen und wieder aufwärts ebenso dreimal.

Wirkung:

Diese Klopfübung aktiviert die Energieleitbahnen (Meridiane) der Arme und Beine. Der gesamte Organismus wird angeregt, und Ihre Stimmung verbessert sich.

Energieatmung zur schnellen Aktivierung

Durchführung:

Stellen Sie sich hüftbreit mit leicht gebeugten Knien hin und legen Sie Ihre Hände ca. drei Zentimeter unter dem Bauchnabel auf den Bauch. Hier befindet sich der untere Dantien, ein wichtiger chinesischer Energiepunkt. Sie können die Augen schließen oder auch geöffnet lassen. Atmen Sie durch die Nase tief in den unteren Bauchraum ein. Zählen Sie beim Einatmen langsam bis vier und wölben Sie Ihren Bauch nach außen. Beim Ausatmen durch den Mund auf eins zählen und dabei den Bauchnabel aktiv in Richtung der Wirbelsäule ziehen. Beim Einatmen den Bauch wieder loslassen und nach außen wölben. Führen Sie die Übung mindestens fünfmal durch.

Wirkung:

Diese sehr stark energetisierende Atemtechnik ist sehr anregend, führt zu klaren Gedanken und bringt schnell Energie und Sauerstoff in den Körper. Achtung: Übertreiben Sie es nicht. Es könnte Ihnen dabei leicht schwindelig werden.

Die Arme überkreuzen

Durchführung:

In der Ausgangsposition stehen Sie hüftbreit mit leicht gebeugten Knien. Halten Sie Ihre Hände zwischen Bauch und Brusthöhe parallel vor dem Körper. In jeder Hand befindet sich ein Ball. Werfen Sie nun die Bälle gerade nach oben, überkreuzen Sie die Arme und fangen Sie die Bälle wieder. Werfen Sie mit gekreuzten Armen die Bälle wieder gerade nach oben, führen Sie Hände in die parallele Ausgangsposition zurück und fangen Sie die Bälle wieder. Für ein optimales Ergebnis führen Sie diese Übung drei bis fünf Minuten durch.

Wirkung:

Diese Übung stellt für die meisten Menschen eine große Herausforderung dar. Die Überkreuzbewegung verbindet die rechte und linke Gehirnhälfte und verbessert Ihr Konzentrationsvermögen. Die Übung hilft Ihnen, störende Gedanken auszublenden und fokussiert Sie für anstehende Aufgaben.

Mobilisierungsübungen

Die Mobilisierungsübungen sind besonders gut geeignet, um Rückenbeschwerden kurzfristig zu lindern. Sie halten die Wirbelsäule beweglich und lösen Verspannungen.

Die Halswirbelsäule mobilisieren

Durchführung:
Drehen Sie den Kopf abwechselnd auf die rechte und auf die linke Seite. Stellen Sie sich vor, dass Sie so weit als möglich über die Schulter nach hinten schauen möchten. Wiederholen Sie die Bewegung auf jede Seite mindestens fünfmal. Atmen Sie während der gesamten Übung ruhig und gleichmäßig weiter.

Die Brustwirbelsäule mobilisieren

Durchführung:

In der Ausgangsposition stützen Sie sich mit den Ellbogen auf Ihren Oberschenkeln ab. Der Rücken ist gerade und der Kopf in der Verlängerung der Wirbelsäule. Senken Sie nun mit dem Einatmen den Kopf nach unten und drücken Sie die Brustwirbelsäule langsam nach oben („Katzenbuckel"). Mit dem Ausatmen bewegen Sie sich in die Ausgangsposition zurück. Drücken Sie in der Ausgangsposition bewusst die Brust nach vorn. Führen Sie die Bewegung mindestens fünfmal durch.

Die Lendenwirbelsäule mobilisieren

Durchführung:

Sie sitzen auf dem vorderen Drittel des Sessels. Der Rücken ist gerade und der Kopf in der Verlängerung der Wirbelsäule. Kippen Sie zuerst mit dem Einatmen das Becken langsam nach vorn (Tendenz Hohlkreuz). Danach kippen Sie das Becken langsam mit dem Ausatmen nach hinten (Tendenz Rundrücken). Der Kopf bleibt während der gesamten Bewegung in der Verlängerung der Wirbelsäule. Wiederholen Sie die Bewegung mindestens fünfmal.

Die Wirbelsäule seitlich mobilisieren

Durchführung:

Sie sitzen auf der Sesselmitte und der Rücken ist gerade. Strecken Sie beide Arme nach oben. Heben Sie nun abwechselnd die rechte und linke Gesäßhälfte hoch. Dabei geht automatisch der Gegenarm mit nach oben. Wiederholen Sie die Bewegung auf jeder Seite mindestens fünfmal. Atmen Sie während der gesamten Übung ruhig und gleichmäßig weiter.

Dehnungsübungen

Die Dehnungsübungen helfen Ihnen, Verspannungen zu lösen und machen Sie wieder beweglich. Diese Übungen haben auch eine sehr entspannende Wirkung.

Dehnen der Nackenmuskulatur
Durchführung:

Sie sitzen auf der Sesselmitte und der Rücken ist gerade. Ziehen Sie den rechten Arm nach unten, wobei die Fingerspitzen zum Boden zeigen. Neigen Sie Ihren Kopf langsam in Richtung der linken Schulter, bis Sie ein leichtes Ziehen in der seitlichen Nackenmuskulatur spüren. Halten Sie diese Position dreißig Sekunden lang. Wechseln Sie danach die Seite, indem Sie den linken Arm nach unten ziehen und den Kopf langsam auf die rechte Seite neigen, bis Sie wieder ein leichtes Ziehen spüren. Halten Sie diese Position wieder dreißig Sekunden lang. Achten Sie darauf, dass Sie während der Seitbewegung des Kopfes das Kinn nicht in Richtung Brust beziehungsweise in Richtung Nacken ziehen. Atmen Sie während des Dehnens ruhig und gleichmäßig weiter.

Dehnen der Brustmuskulatur

Durchführung:

Sie sitzen auf der Sesselmitte und der Rücken ist gerade. Heben Sie beide Arme bis auf Brusthöhe. Die Handflächen schauen nach oben und die Daumen zeigen nach hinten. Führen Sie nun mit dem Ausatmen die Hände langsam nach hinten, bis Sie in der Brustmuskulatur ein leichtes Ziehen spüren. Halten Sie diese Position dreißig Sekunden lang. Atmen Sie während des Dehnens ruhig und gleichmäßig weiter.

Seitliches Dehnen der Rumpfmuskulatur

Durchführung:

Sie sitzen auf dem vorderen Drittel Ihres Sessels. Strecken Sie den rechten Arm nach oben, wobei der Handrücken nach außen zeigt. Mit der linken Hand halten Sie sich an der rechten Oberschenkelaußenseite fest. Verlagern Sie nun Ihr Gewicht auf die rechte Gesäßhälfte und führen Sie den gestreckten rechten Arm über den Kopf zur Gegenseite, bis Sie seitlich am Rumpf ein leichtes Ziehen spüren. Der Kopf wird dabei in der Verlängerung der Wirbelsäule gehalten. Halten Sie diese Position mindestens dreißig Sekunden lang. Danach wechseln Sie zur anderen Seite und verweilen ebenso für dreißig Sekunden in dieser Position.

Oberkörper drehen im Stehen

Durchführung:

Stellen Sie sich aufrecht mit geschlossenen Beinen hin. Strecken Sie beide Arme nach oben und verschränken Sie Ihre Finger. Drehen Sie nun mit dem Ausatmen Ihren Kopf und Oberkörper langsam so weit nach rechts, wie es für Sie angenehm ist. Verweilen Sie in dieser Position dreißig Sekunden. Danach drehen Sie Ihren Kopf und Oberkörper mit dem Ausatmen langsam auf die linke Seite. Halten Sie auch auf diese Position dreißig Sekunden.

Fit im Büro

Die folgenden Übungen dienen zur Vorbeugung von Funktionsstörungen des Stütz- und Bewegungsapparates. Sie kräftigen Ihre Rumpfmuskeln und schulen Ihr Gleichgewicht. Wenn Sie die Übungen auf den Balance-Igeln oder dem Balancebrett durchführen, werden zusätzlich zu den Rumpfmuskeln auch die tief liegenden Haltemuskeln aktiviert.
Führen Sie diese Übungen zusätzlich zu den bisher beschriebenen Übungen durch. Sie unterstützen Sie beim Aufbau eines leistungsfähigen Muskelkorsetts.

Spannungsaufbau im Stehen

Durch jahrelange einseitige Arbeitsbelastungen kommt es zu Fehlhaltungen, die vielfältige negative Auswirkungen auf unseren Organismus haben. Eine Grundvoraussetzung für eine Korrektur von Fehlhaltungen ist eine ausreichende Körperspannung. Mit dieser Übung lernen Sie einerseits, Ihre Körperposition wahrzunehmen und andererseits bauen Sie die für eine optimale Haltung notwendige Körperspannung auf.

Durchführung:

Für diese Ganzkörperspannungsübung benötigen Sie ein Rubber- oder Theraband. Stellen Sie sich hüftbreit hin. Die Knie sind etwas gebeugt und der Oberkörper ist leicht vorgeneigt. Ziehen Sie Ihren Bauchnabel nach innen (in Richtung Wirbelsäule). Legen Sie das Band um Ihre Hände und führen Sie Ihre Arme bis auf Schulterhöhe nach oben. Ziehen Sie das Band nun so weit auseinander, bis Sie im Schultergürtel eine leichte Spannung spüren. Halten Sie diese Ganzkörperspannung mindestens 10 Sekunden lang. Atmen Sie während der gesamten Übung bewusst und ruhig weiter.
Mit zunehmender Kräftigung können Sie die Spannung auch eine Minute lang aufrechthalten.

Ab der vierten Woche können Sie die Schwierigkeitsstufe erhöhen, indem Sie sich mit beiden Beinen auf Balance-Igel stellen.

Ab der achten Trainingswoche können Sie ein Balancebrett verwenden.

Zur weiteren Erschwernis und zur Schulung einer verbesserten Körperwahrnehmung versuchen Sie während der Übung auf einem instabilen Untergrund, Ihre Augen zu schließen.

Einbeinstand kniend auf dem Bürostuhl

Mit dieser Übung verbessern Sie Ihr Gleichgewicht und die muskuläre Eigenregulation der nahe der Wirbelsäule liegenden kleinen Haltemuskeln.

Ein gut ausgeprägtes Gleichgewichtsgefühl ist vor allem in Bezug auf die Verletzungsprophylaxe von großer Bedeutung. Darüber hinaus eignet sich diese Übung auch zur Prävention von Rückenschmerzen.

Achtung: Diese Übung sollte aufgrund des Schwierigkeitsgrades nicht von Personen mit akuten Rückenproblemen, wie beispielsweise Bandscheibenvorfällen, durchgeführt werden. Menschen mit akuten Rückenproblemen stellen sich auf ein Bein und schließen die Augen. Auch mit dieser Übung schulen Sie Ihr Gleichgewichtsgefühl.

Durchführung:

Drehen Sie Ihren Bürostuhl zur Seite und knien Sie sich mit dem rechten Bein auf die Sesselmitte. Achten Sie auf einen geraden Rücken. Ihr Hüftgelenk ist über dem Kniegelenk positioniert. Führen Sie Ihre Arme gestreckt bis auf Schulterhöhe zur Seite. Versuchen Sie nun, diese Position zehn Sekunden lang zu halten und wechseln Sie dann auf die linke Seite. Versuchen Sie auch auf der linken Seite. die Position zehn Sekunden zu halten. Wenn Sie die Übung zehn Sekunden lang bei aufrechter Position halten können, erhöhen Sie die Haltedauer bis auf eine Minute und/oder schließen Sie die Augen während der Übung.

Vorsicht ist geboten bei Bürostühlen mit Rollen. Fixieren Sie in diesem Fall den Stuhl, damit er nicht davonrollen kann.

Kräftigung der Schulterblattfixatoren in vorgebeugter Position

Einseitige Arbeitsbelastungen, allen voran sitzende Tätigkeiten, führen zu Abschwächungen der oberen Rückenmuskulatur, was Verspannungen und Schmerzen zur Folge hat. Mit dieser Übung kräftigen Sie den wichtigen oberen hinteren Schultergürtel und die Schulterblattfixatoren.

Durchführung:

In der Ausgangsposition nehmen Sie eine hüftbreite Standposition mit leicht gebeugten Knien ein. Der Oberkörper ist nach vorn geneigt und der Kopf in der Verlängerung der Wirbelsäule. Beugen Sie Ihre Arme rechtwinklig vor dem Körper und ziehen Sie Ihren Bauch ein (Bauchnabel in Richtung Wirbelsäule). In der rechten und linken Hand halten Sie jeweils eine kleine gefüllte Wasserflasche. Führen Sie nun mit dem Ausatmen die Ellbogen auf Schulterhöhe so weit als möglich nach hinten. Ober- und Unterarme bleiben dabei immer im rechten Winkel. Mit dem Einatmen bewegen Sie Ihre Arme wieder in die Ausgangsposition zurück. Führen Sie 10 bis 15 Wiederholungen durch.
Ab der vierten Woche können Sie die Schwierigkeitsstufe erhöhen, indem Sie sich mit beiden Beinen auf Balance-Igel stellen.
Ab der achten Trainingswoche können Sie ein Balancebrett verwenden.
Zu weiterer Erschwernis und zur Schulung einer verbesserten Körperwahrnehmung führen Sie diese Kräftigungsübung auf einem instabilen Untergrund mit geschlossenen Augen durch.

Bauchmuskelkräftigung im Sitzen

Mit dieser Übung kräftigen Sie Ihre Bauchmuskulatur. Diese Muskelgruppe leistet einen wesentlichen Beitrag zur Stabilisation Ihres Rumpfes. Sitzende Tätigkeiten fördern die Abschwächung der Bauchmuskeln und in Folge auch die Entstehung von Rückenbeschwerden.

Durchführung:

Setzen Sie sich auf das vordere Drittel Ihres Stuhles und stützen Sie sich mit den Unterarmen auf der Tischplatte ab. Der Rücken ist gerade. Üben Sie mit Ihren Unterarmen einen leichten Druck auf die Tischplatte aus. Ziehen Sie nun Ihre Bauchdecke nach innen und heben Sie Ihre Knie so weit hoch, dass Ihre Füße nicht mehr den Boden berühren. Pendeln Sie nun mit dem Einatmen langsam mit Ihren Unterschenkeln nach vorn und mit dem Ausatmen nach hinten. Der Rücken bleibt während der gesamten Übung in einer geraden Position. Führen Sie diese Übung 20 bis 30 Sekunden durch. Gut Trainierte können die Pendelbewegung der Unterschenkel auch eine Minute lang durchführen.

Funktionelles, gesundheitsorientiertes Krafttraining

Funktionelles Training bedeutet in etwa zweckmäßiges Training und wird im Leistungssport als sportartenübergreifende Trainingsform angesehen. Mithilfe von funktionellem Krafttraining werden Athleten gezielt auf die Belastungen ihres Sportes vorbereitet. Hauptziel des Trainings ist die Vorbereitung des Körpers auf die hohen Belastungen, somit dient es auch der Vorbeugung von Verletzungen. Experten betonen, dass bei diesem Training nicht explizit die Muskeln, sondern in erster Linie die für den Athleten sportartenspezifischen Bewegungen trainiert werden. Der Sportler verwendet bei den Übungen in der Regel keine Gewichte, sondern nutzt als Widerstand sein Körpergewicht. Er lernt dabei, seinen Körper in verschiedenen Stellungen zu balancieren und zu stabilisieren. Eine Besonderheit des funktionellen Trainings ist, dass die Sportler mit fortschreitender Trainingsdauer instabile Unterlagen wie Balance-Igel, Gymnastikbälle oder Balancebretter verwenden. Dadurch kräftigen sie nicht nur ihre Muskeln, sondern trainieren auch ihre Propriozeption (Eigenwahrnehmung von Gelenken, Muskeln und Sehnen). Beim funktionellen Training werden vorwiegend Rumpfkraft- und Stabilisationsübungen sowie Kräftigungsübungen für den Ober- und Unterkörper durchgeführt. Vor allem das Rumpfkraft- und Stabilisationstraining zählt zu den wichtigsten Teilen eines Krafttrainingsprogrammes, da es einen wesentlichen Beitrag zur Verletzungsprophylaxe leistet. Der Rumpf stellt die Verbindung zwischen Ober- und Unterkörper her, demzufolge werden die Muskeln trainiert, die diese Körperteile miteinander verbinden. Mit Rumpfkraftübungen wird die Körpermitte gestärkt und stabilisiert. Zum Rumpf gehören eine Vielzahl von Muskeln wie die Bauchmuskulatur, der tiefe Rückenmuskel, der viereckige Lendenmuskel, der Rückenstrecker sowie Teile der Gesäßmuskulatur, der hinteren Oberschenkelmuskulatur und der Hüftrotatoren. Viele Trainer planen diese Übungen, insbesondere die Übungen zur Kräftigung der Bauchmuskulatur, zum Schluss eines Trainingsplanes ein. Ich setzte diese Übungen gezielt am Anfang des Trainings ein, da ein kräftiger und stabiler Rumpf die Grundvoraussetzung für einen leistungsfähigen Körper darstellt.

Im Folgenden beschreibe ich zwei Trainingspläne, die Sie zu Hause auch als viel beschäftigter Fitness-Einsteiger durchführen können. Beide Trainingspläne konzentrieren sich in erster Linie auf die Kräftigung und Stabilisation der Rumpfmuskulatur. Gut gekräftigte Rumpfmuskeln stellen das Fundament für einen gesunden und leistungsfähigen Körper dar. Beginnen Sie zuerst mit dem Trainingsplan für Einsteiger und wenden Sie sich erst danach dem Folgeplan für Fortgeschrittene zu.
Vor dem Training bitte ich Sie, dass Sie sich von einem Arzt in Bezug auf Sporttauglichkeit durchchecken zu lassen, um etwaige Kontraindikationen auszuschließen.

Wichtige Trainingshinweise:

Das Programm für Fitness-Einsteiger wie auch der Folgeplan sollten sechs Wochen durchgeführt werden.
Beide Programme starten mit Aufwärmübungen. Sie bereiten den Körper auf die folgenden Belastungen vor. Führen Sie pro Übung zehn bis fünfzehn Wiederholungen durch.

Krafttrainingsplan für Fitness-Einsteiger

Die Übung 1 trainieren Sie nach folgendem Modus:

1. und 2. Woche: Zwei Sätze mit je fünf Wiederholungen, die jeweils fünf Sekunden gehalten werden.

3. und 4. Woche: Zwei Sätze mit je acht Wiederholungen, die jeweils acht Sekunden gehalten werden.

5. und 6. Woche: Drei Sätze mit je fünf Wiederholungen, die jeweils fünf Sekunden gehalten werden.

Die Übungen 2, 3, 5, 6, 7 und 8 trainieren Sie nach folgendem Modus:

1. Woche: Zwei Sätze mit je acht Wiederholungen.
2. Woche: Zwei Sätze mit je zehn Wiederholungen.
3. Woche: Zwei Sätze mit je zwölf Wiederholungen.
4. Woche: Drei Sätze mit je acht Wiederholungen.
5. Woche: Drei Sätze mit je zehn Wiederholungen.
6. Woche: Drei Sätze mit je zwölf Wiederholungen.

Die Übung 4 trainieren Sie nach folgendem Modus:

1. und 2. Woche: Zwei Sätze, in denen die Position 15 Sekunden gehalten wird.
3. und 4. Woche: Zwei Sätze, in denen die Position 30 Sekunden gehalten wird.
5. und 6. Woche: Zwei Sätze, in denen die Position 45 Sekunden gehalten wird.

Bei allen Übungen machen Sie zwischen den einzelnen Sätzen 45 bis 60 Sekunden Pause.

Aufwärmübungen

Die Aufwärmübungen bereiten Ihren Körper, insbesondere Knie-, Hüft- und Schultergelenke auf die nachfolgenden Trainingsbelastungen vor. Führen Sie bei jeder dieser drei Übungen 10 bis 15 Wiederholungen durch.

Aufwärmübung 1: Kniebeuge mit Armen vor der Brust

Durchführung:

Stellen Sie sich etwas mehr als hüftbreit hin, wobei die Zehen ganz leicht nach außen zeigen. Halten Sie in der Ausgangsposition Ihre Arme waagrecht gestreckt vor dem Körper. Ihr Gewicht befindet sich auf den Fersen. Mit dem Einatmen gehen Sie langsam in die Knie und senken Ihren Körperschwerpunkt möglichst weit nach hinten ab, sodass sich die Knie während der gesamten Übungsausführung hinter den Zehenspitzen befinden. Der Rücken bleibt gestreckt und die Bauchmuskulatur ist angespannt. Gehen Sie so weit in die Knie, dass sich in der Endposition Ihre Oberschenkel parallel zum Boden befinden.
Während der Aufwärtsbewegung atmen Sie aus und achten darauf, dass der Rücken und die Brust gestreckt bleiben.

Aufwärmübung 2: Liegestütz light

Durchführung:

In der Ausgangsstellung halten Sie Kopf und Rumpf in einer geraden Linie. Beide Hände befinden sich in paralleler Position unter der Brust und die Daumen berühren sich dabei. Die Knie liegen auf der Unterlage auf, die Beine sind gebeugt und die Unterschenkel überkreuzt. Beugen Sie nun mit dem Ausatmen die Arme so weit, bis sich die Nasenspitze 10 bis 15 cm vor den Händen befindet. Mit dem Ausatmen strecken Sie wieder Ihre Arme. Die Oberarme und Ellbogen werden bei der Beugebewegung seitlich zum Rumpf geführt.

Aufwärmübung 3: Lat-Drücken in Rückenlage

Durchführung:

In der Ausgangsposition liegen Sie mit dem Rücken auf einer weichen Gymnastikmatte. Die Knie sind gebeugt und die Fersen stehen fest auf der Unterlage. Die Arme liegen am Rumpf an und die Ellbogen sind gebeugt. Die Unterarme zeigen senkrecht nach oben. Drücken Sie nun die Brust nach oben und kippen Sie das Becken leicht nach vorn (Tendenz Hohlkreuz). Aus dieser Position heben Sie nun mit dem Ausatmen Ihren Oberkörper durch Druck der Arme gegen den Boden ab.

Gesäß und Fersen bleiben während der gesamten Bewegungsausführung immer auf dem Boden. Achten Sie darauf, dass die Bewegung des Oberkörpers nach oben und nicht nach vorn erfolgt. Senken Sie mit dem Einatmen langsam den Oberkörper wieder ab, ohne dass die Schulterblätter die Matte berühren.

1. Kraftübung: Bauch einziehen im Sitzen

Beanspruchte Muskulatur:
Querer Bauchmuskel

Durchführung:

Sie sitzen aufrecht auf einem Gymnastikball und berühren mit einem Theraband knapp unter dem Nabel den Bauch. Nun machen Sie sich so groß und so dünn als möglich und versuchen dabei, Ihre Bauchwand vom Theraband zu lösen. Die Übung stärkt primär den queren Bauchmuskel. Ziel dieser Übung ist es, durch Kräftigung dieses tief liegenden Bauchmuskels die Lendenwirbelsäule zu stabilisieren.

2. Kraftübung: Seitstütz

Beanspruchte Muskulatur:
Quadratischer Lendenmuskel, Abduktoren, schräge und seitliche Bauchmuskulatur

Durchführung:

Stützen Sie sich in der Ausgangsposition seitlich auf dem Unterarm und der Fußkante ab. Die Hüfte berührt dabei fast die Unterlage. Bewegen Sie nun mit dem Ausatmen die Hüfte langsam nach oben. In der Endposition befinden Sie sich von Kopf bis Fuß in einer Linie. Mit dem Einatmen bewegen Sie die Hüfte wieder in die Ausgangsposition zurück. Achten Sie darauf, dass Sie die Hüfte weder nach vorn noch nach hinten drehen. Danach wechseln Sie die Seite.

3. Kraftübung: Hüftheben nach Gray Cook

Beanspruchte Muskulatur:
Großer Gesäßmuskel, hintere Oberschenkelmuskulatur

Durchführung:
In der Ausgangsposition liegen Sie mit angewinkelten Beinen in Rückenlage auf einer Gymnastikmatte. Klemmen Sie zwischen Oberschenkel und Bauch einen kleinen Ball ein. Um diesen zu fixieren, ziehen die den Oberschenkel mit beiden Händen in Richtung Brust. Drücken Sie nun das Standbein gegen den Boden und heben Sie mit dem Ausatmen das Gesäß vom Boden ab. Danach senken Sie mit der Einatmung die Hüfte wieder ab, ohne die Unterlage zu berühren. Durch die ständige Fixierung des Balls mit dem Oberschenkel beträgt der Bewegungsumfang von der Ausgangs- in die Endposition maximal fünf bis acht Zentimeter. Danach das Bein wechseln.

Achtung: Es können Krämpfe der hinteren Oberschenkelmuskulatur auftreten, die Hinweise für eine unzureichende Aktivierung und Kräftigung der Gesäßmuskulatur sind. Durch ständige Fixierung des Balles am Oberkörper werden die Hüftstrecker ohne Beteiligung der Streckmuskulatur der Lendenwirbelsäule isoliert trainiert.

4. Kraftübung: Isometrische Liegestützübung

Beanspruchte Muskulatur:
Bauchmuskulatur, Schulterblattstabilisatoren

Durchführung:
Für diese isometrische Stabilisationsübung benötigen Sie einen Gymnastikball. Die Hände fassen seitlich den Gymnastikball. Die Beine sind hüftbreit geöffnet. Halten Sie in dieser Position den Körper stabil und ziehen Sie wie bei der ersten Übung „Baucheinziehen im Sitzen" die tiefe Bauchmuskulatur ein. Sie können alternativ statt dem Gymnastikball auch ein Balancebrett verwenden.

5. Kraftübung: Reverse Flys mit ausgestreckten Armen im 90°-Winkel

Beanspruchte Muskulatur:
Hinterer Anteil des Deltamuskels, mittlerer Anteil des Trapezmuskels, Rautenmuskel, Rundmuskeln

Durchführung:

In der Ausgangsposition liegen Sie auf dem Bauch, der Kopf befindet sich in der Verlängerung des Rückens und die Gesäßmuskulatur ist leicht angespannt. Die Oberarme befinden sich im 90-Winkel zum Rumpf und die Daumen zeigen nach oben. Mit dem Ausatmen ziehen Sie nun die Schulterblätter in Richtung der Wirbelsäule zusammen. Mit dem Einatmen werden die Schulterblätter wieder langsam nach unten bewegt.
Achten Sie darauf, dass während der gesamten Bewegungsausführung die Arme nicht nach oben bewegt werden und der Oberarmwinkel zum Rumpf immer 90° beträgt.

6. Kraftübung: Liegestütz light

Beanspruchte Muskulatur:
Großer Brustmuskel, vorderer Anteil des Deltamuskels, Trizeps, vorderer Sägemuskel, Hakenarmmuskel, Unterschulterblattmuskel

Durchführung:

Diese Übung ist eine sehr intensive Komplexübung. In der Ausgangsstellung halten Sie den Kopf und Rumpf in einer geraden Linie. Beide Hände befinden sich in paralleler Position unter der Brust und die Daumen berühren sich dabei. Die Knie liegen auf der Unterlage auf, die Beine sind gebeugt und die Unterschenkel überkreuzt. Beugen Sie nun mit dem Ausatmen die Arme so weit, bis sich die Nasenspitze 10 bis 15 cm vor den Händen befindet. Mit dem Ausatmen strecken Sie Ihre Arme wieder. Die Oberarme und Ellbogen werden bei der Beugebewegung seitlich zum Rumpf geführt.

7. Kraftübung: Kniebeuge im hüftbreiten Stand mit Arme vor der Brust

Beanspruchte Muskulatur:

Quadrizeps, großer Gesäßmuskel, Kniebeuger, Adduktoren, Zwillingswadenmuskeln, Lenden-muskeln

Durchführung:

Stellen Sie sich etwas mehr als hüftbreit hin, wobei die Zehen ganz leicht nach außen zeigen. Halten Sie in der Ausgangsposition Ihre Arme waagrecht gestreckt vor dem Körper, Ihr Gewicht befindet sich auf den Fersen. Mit dem Einatmen gehen Sie langsam in die Knie und senken Ihren Schwerpunkt möglichst weit nach hinten ab, sodass sich die Knie während der gesamten Übungsausführung hinter den Zehenspitzen befinden. Der Rücken bleibt gestreckt und die Bauchmuskulatur ist angespannt. Gehen Sie so weit in die Knie, dass sich in der Endposition Ihre Oberschenkel parallel zum Boden befinden.
Während der Aufwärtsbewegung achten Sie darauf, dass der Rücken und die Brust gestreckt bleiben. Atmen Sie dabei langsam aus.

8. Kraftübung: Beinrückheben in Bauchlage mit gestreckten Beinen

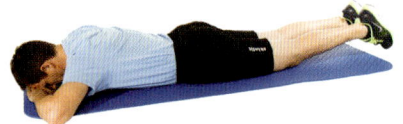 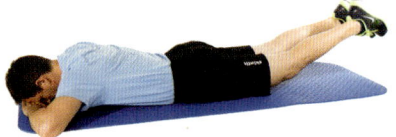

Beanspruchte Muskulatur:
Unterer Anteil des Rückenstreckers, großer Gesäßmuskel

Durchführung:

In der Ausgangsposition liegen Sie auf dem Bauch. Legen Sie Ihren Kopf auf den Händen ab, die Beine sind gestreckt und geschlossen. Heben Sie mit dem Ausatmen die gestreckten Beine maximal an. Senken Sie mit dem Ausatmen die Beine wieder in Richtung Unterlage ab, ohne diese zu berühren. Achten Sie bei der Bewegungsausführung darauf, dass der Oberkörper nicht gleichzeitig mit den Beinen mit angehoben wird.

Krafttrainingsplan für Fortgeschrittene

Aufwärmübungen

Zur Vorbereitung des Körpers auf die folgenden Trainingsbelastungen werden die gleichen Aufwärmübungen, wie beim Anfängerplan durchgeführt (siehe Seite 122).

Die Übungen 1, 3, 4, 5, 6, 7 und 8 trainieren Sie nach folgendem Modus:
1. Woche: Zwei Sätze mit je acht Wiederholungen.
2. Woche: Zwei Sätze mit je zehn Wiederholungen.
3. Woche: Zwei Sätze mit je zwölf Wiederholungen.
4. Woche: Drei Sätze mit je acht Wiederholungen.
5. Woche: Drei Sätze mit je zehn Wiederholungen.
6. Woche: Drei Sätze mit je zwölf Wiederholungen.

Die Übung 2 trainieren Sie nach folgendem Modus:
1. und 2. Woche: Zwei Sätze, in denen die Position 30 Sekunden gehalten wird.
3. Woche: Zwei Sätze, in denen die Position 45 Sekunden gehalten wird.
4. Woche: Zwei Sätze, in denen die Position 30 Sekunden gehalten wird (auf instabiler Unterlage).
5. und 6. Woche: Zwei Sätze, in denen die Position 45 Sekunden gehalten wird (auf instabiler Unterlage).

Bei allen Übungen machen Sie zwischen den einzelnen Sätzen 45 bis 60 Sekunden Pause.

1. Kraftübung: Toter Käfer mit Bauch einziehen

Beanspruchte Muskulatur:

Querer Bauchmuskel, gerader Bauchmuskel

Durchführung:

In der Ausgangsposition werden bei eingezoge-
nem Bauch beide Arme und Beine leicht vom
Boden abgehoben. Nun strecken Sie wechselwei-
se Arme und Beine nach vorn. Während der gesamten Bewegungsausführung bleibt der Bauch
eingezogen. Die Arme und Beine werden immer
leicht über dem Boden gehalten.

2. Kraftübung: Einbeinige isometrische Brücke

Beanspruchte Muskulatur:

Großer Gesäßmuskel, hintere Oberschenkelmuskulatur, unterer Anteil des Rückenstreckers

Durchführung:

Sie liegen auf dem Rücken, die Beine sind abgewinkelt und hüftbreit geöffnet. Die Arme befinden
sich seitlich am Körper. Heben Sie nun die Hüfte so weit an, dass Schultern, Hüfte und Knie sich
in einer Linie befinden. Ziehen Sie die Bauchmuskulatur ein und strecken Sie nun ein Bein. Halten Sie die Spannung in dieser Position, während Sie gleichmäßig weiteratmen. Danach wechseln
Sie das Bein.
Ab der vierten Trainingswoche stellen Sie das Standbein auf eine instabile Unterlage, wie beispielsweise einen Balance-Igel oder ein Balancebrett.

3. Kraftübung: Seitstütz mit über Kopf gestrecktem Arm und abduziertem Bein

Beanspruchte Muskulatur:
Quadratischer Lendenmuskel, Abduktoren, schräge und seitliche Bauchmuskulatur

Durchführung:

Stützen Sie sich in der Ausgangsposition seitlich auf dem Unterarm und der Fußkante ab. Die Hüfte berührt dabei fast die Unterlage. Das sich in der Seitenlage befindliche obere Bein wird abgespreizt. Bewegen Sie nun mit dem Ausatmen Ihre Hüfte langsam nach oben. In der Endposition befinden Sie sich von Kopf bis Fuß in einer Linie. Mit dem Einatmen bewegen Sie die Hüfte wieder in die Ausgangsposition zurück. Achten Sie darauf, dass Sie während des gesamten Bewegungsablaufes Ihre Hüfte weder nach vorn noch nach hinten drehen. Danach die Seite wechseln.

4. Kraftübung: Liegestützbrücke mit den Beinen auf dem Gymnastikball

Beanspruchte Muskulatur:
Gerade Bauchmuskulatur, Schulterblattstabilisatoren

Durchführung:

Für diese isometrische Stabilisationsübung, die sehr hohe Anforderungen an die Schulterstabilisatoren stellt, benötigen Sie einen Gymnastikball. Die Arme befinden sich in der Ausgangsposition etwas mehr als schulterbreit in Brusthöhe auf dem Boden. Die Beine befinden sich hüftbreit geöffnet auf dem Gymnastikball. Halten Sie in dieser Position den Körper stabil und ziehen Sie die tiefe Bauchmuskulatur ein.

Schieben Sie nun mit dem Ausatmen den Oberkörper leicht nach vorn und mit dem Einatmen bewegen Sie den Oberkörper in die Ausgangsposition zurück. Achten Sie darauf, dass während der gesamten Übung der Kopf in der Verlängerung der Wirbelsäule gehalten wird. Sie können alternativ Ihre Füße auch auf ein Balancebrett oder auf Balance-Igel stellen.

5. Kraftübung: Reverse Flys mit Endkontraktionen

Beanspruchte Muskulatur:
Hinterer Anteil des Deltamuskels, mittlerer Anteil des Kapuzenmuskels, Rautenmuskel und Rückenstrecker im oberen Bereich der Brustwirbelsäule

Durchführung:

In der Ausgangsposition liegen Sie auf dem Bauch, der Kopf befindet sich in der Verlängerung der Wirbelsäule und die Gesäßmuskulatur ist leicht angespannt. Die Oberarme sind 90° vom Rumpf abgespreizt, ebenso beträgt der Winkel zwischen Ober- und Unterarme ca. 90°. Beide Fäuste liegen auf dem Boden auf, die Unterarme stehen senkrecht zur Unterlage und die Handinnenflächen zeigen nach hinten.

Mit dem Ausatmen heben Sie mit einer kleinen Bewegung die Fäuste vom Boden ab und ziehen die Schulterblätter in Richtung der Wirbelsäule zusammen. Mit dem Einatmen werden die Arme wieder nach unten geführt, ohne dass die Fäuste den Boden berühren.

Achten Sie darauf, dass während der gesamten Übung der Kopf leicht schwebend in der Verlängerung der Wirbelsäule gehalten wird. Die Auf-und-ab-Bewegung der Arme erfolgt nur aus den Schultergelenken. Der Oberkörper sollte nicht angehoben werden.

6. Kraftübung: Liegestütz mit Händen auf dem Gymnastikball

Beanspruchte Muskulatur:

Großer Brustmuskel, vorderer Anteil des Deltamuskels, Trizeps, vorderer Sägemuskel, Hakenarmmuskel, Unterschulterblattmuskeln, Schulterblattstabilisatoren

Durchführung:

Diese Liegestützvariante ist eine sehr intensive Kräftigungsübung. In der Ausgangsposition befinden sich Ihre Arme seitlich am Gymnastikball und sind fast gestreckt. Ihre Füße stehen hüftbreit
auf dem Boden. Beugen Sie nun mit dem Ausatmen Ihre Arme, bis Sie mit der Brust beinahe
den Ball berühren. Mit dem Ausatmen strecken Sie die Arme wieder. Zur weiteren Erschwerung
der Übung können Sie ab der vierten Trainingswoche Ihre Füße auf einem Balancebrett oder auf
Balance-Igeln positionieren.

7. Kraftübung: Kniebeuge in Schrittstellung mit Armen über Kopf

Durchführung:

In der Ausgangsposition stehen Sie in einer großen Schrittstellung. Das Körpergewicht ist auf das
vordere Bein verlagert, der Rücken ist aufrecht und die Hände befinden sich hinter dem Kopf.
Senken Sie nun mit dem Ausatmen das hintere Knie bis knapp vor den Boden ab. Achten Sie
darauf, dass sich der Körperschwerpunkt gerade nach unten bewegt und das vordere Knie nicht
über die Zehenspitzen geschoben wird. In der Endposition befindet sich der Oberschenkel des
vorderen Beines parallel zum Boden und das Knie ist 90° gebeugt. Mit dem Einatmen bewegen
Sie sich wieder langsam in die Ausgangsposition zurück. Danach wechseln Sie das Bein.
Um die Kniebeuge zu erschweren, stellen Sie ab der vierten Woche Ihr vorderes Bein auf einen
Balance-Igel oder ein Balancebrett.

8. Kraftübung: Beinrückheben in Bauchlage mit abgewinkelten Beinen

Beanspruchte Muskulatur:

Unterer Anteil des Rückenstreckers, großer Gesäßmuskel

Durchführung:

In der Ausgangsposition liegen Sie auf dem Bauch. Legen Sie Ihre Stirn auf den Händen ab. Die Oberschenkel sind geöffnet und die Beine in den Knien und Sprunggelenken 90° gebeugt. Heben Sie nun mit dem Ausatmen die Oberschenkel maximal an und schieben Sie die Fußsohlen langsam nach oben. Senken Sie mit dem Ausatmen die Oberschenkel wieder in Richtung Unterlage ab, ohne diese zu berühren. Achten Sie bei der Bewegungsausführung darauf, dass der Oberkörper nicht gleichzeitig mit den Beinen mit angehoben wird. Sie können die Intensität der Übung durch Schließen der Oberschenkel erhöhen.

Interview mit Werner Schlager, Tischtennisweltmeister

Welche persönlichen Eigenschaften sind für deinen sportlichen Erfolg verantwortlich?

Ich habe das Glück, dass ich mit großem Talent gesegnet bin. Eine erfolgsbringende Eigenschaft von mir ist sicher meine Geduld. Ich gebe vor allem nicht gleich auf, wenn etwas nicht auf Anhieb funktioniert. Ich versuche auch immer, die Zusammenhänge zu sehen und glaube nicht alles, was die anderen einem so erzählen. So muss jeder seine eigenen Gesetzmäßigkeiten herausfinden. Ich bin ein Mensch, der gerne alternative Wege geht, also fernab von dem, was die anderen einem raten.

Gibt es deiner Meinung auch noch andere besondere Eigenschaft(en), über die ein Sportler verfügen muss, um Weltspitze zu sein?

Im Tischtennis baucht man sicher Talent. In Österreich versteht man unter Talent, wenn der Spieler ein gutes Ballgefühl hat. In Wahrheit gehört viel mehr dazu, um erfolgreich zu sein. Neben Talent sind Körpergefühl, Kreativität, Kraft, Geschwindigkeit und Reaktionsschnelligkeit besonders wichtig. Es kann durchaus sein, dass eine dieser Eigenschaften nicht so gut ausgeprägt ist, was kein Problem darstellt, solange der Spieler diese Schwäche mit einer anderen Stärke gut kompensieren kann. So gesehen ist das Stärken der Stärken besonders wichtig. Um es bis an die Weltspitze zu schaffen, sind der Wille und die Konsequenz entscheidende Faktoren.

Wie unterscheidet sich ein Top-Athlet von einem Sportler, der regelmäßig nur in den Platzierungsrängen landet?

Der Top-Sportler hat so viel Selbstvertrauen, dass er sich auch in spielentscheidenden Situationen zu 100 % auf seine Stärken verlässt. Wenn das Selbstbewusstsein oder die mentale Stärke fehlt, hat der Sportler sicher Probleme. Wenn man in der Weltspitze vorn dabei sein möchte, muss man versuchen, immer etwas mehr als die anderen zu machen, um im Wettkampf den entscheidenden Vorteil zu haben. Der Wille zum Erfolg ist sicher entscheidend.

Welche Bedeutung hat mentales Training für dich?

Mentales Training ist ein Faktor, der nach wie vor in unserem Sport sehr unterschätzt wird. Langsam setzt es sich auch bei uns durch, dass Spieler mental trainieren. Viele Spieler forcieren das körperliche Training und sind sich nicht bewusst, wie wichtig der mentale Bereich ist. Vor allem die chinesischen Spieler arbeiten sehr intensiv im mentalen Bereich. Ich selbst habe erst als 36-Jähriger vor den Olympischen Spielen in Peking begonnen, mit einem Mentalcoach zu arbeiten. Dadurch habe ich vieles verstanden, was ich vorher intuitiv schon richtig gemacht habe. Persönlich habe ich die Erfahrung gemacht, dass mentale Stärke vor allem dann wichtig ist, wenn die körperlichen Kräfte nachlassen.

Mit welchem Ziel gehst du in einen Wettkampf?

Ich gehe immer mit dem Vorsatz in ein Match, mein Bestes zu geben. Das hilft mir auch, meine Niederlagen positiv zu verarbeiten. Wenn mein Bestes an diesem Tag nicht für einen Sieg gereicht hat und ich verloren habe, bin ich trotzdem mit mir im Reinen. Im Gegensatz dazu kann ich mich auch nicht so an meinem Sieg erfreuen, wenn ich nicht mein Bestes gegeben habe.

Du bist Weltmeister und hast somit einen der wichtigsten
Titel in deinem Sport errungen. Wie motivierst du dich noch?

Ich brauche mich nicht extra zu motivieren. Ich liebe meinen Sport und bin mit absoluter Begeisterung dabei. Dadurch bin ich automatisch motiviert.

Was machst du, wenn du im Wettkampf die Konzentration verlierst?

Zum einen nutze ich das Timeout, um die Konzentration wiederzuerlangen. Ich verzichte auch auf allzu komplizierte Taktiken, sondern beschränke mich auf Spielvarianten, die ich zu 100 % beherrsche. Das gibt mir Sicherheit und damit kommt auch meine Konzentration zurück. Auch die Vorstellung, dass es ein Trainingsmatch ist, hilft mir, die Konzentration wiederzuerlangen.

Wie gehst du mit Erwartungs- bzw. Erfolgsdruck um?

Wenn man einmal Weltmeister war wie ich, messen die Medien einen immer an dieser Bestleistung. Das erzeugt in der Regel unheimlich großen Druck. Ich richte mich aber nicht nach den Erwartungen der anderen, sondern versuche, mein Potenzial abzurufen. Schaffe ich das, bin auch mit meinen Leistungen zufrieden. Auch wenn das Ergebnis nicht dem entspricht, was die anderen von mir erwarten.

Wie wichtig ist Regeneration für dich als Sportler?

Enorm wichtig. Ich kenne meinen Körper sehr gut. Er sagt mir ganz genau, wann ich Erholung brauche. Wenn ich spüre, dass meine Leistung stagniert, dann mach ich eine Pause. Auch wenn der Trainingsplan sagt, du musst noch weitertrainieren. Ich vertraue meinem Körper mehr als einem Trainingsplan. Das setzt aber natürlich eine gewisse Erfahrung und Routine voraus.

Wie siehst du als Sportler das Phänomen Burnout?

Ich kann jetzt nur von mir sprechen. Wenn ein Mensch von seiner Tätigkeit begeistert ist, dann merkt man oft selber gar nicht, wenn man an seinem Körper Raubbau betreibt. Es gibt so viele Warnsignale und die darf man auf keinem Fall ignorieren. Jeder muss sich bewusst sein, dass man mit seinem momentanen Lebensstil auch die gesundheitliche Basis für die Zukunft schafft.

Wie lautet dein Lebensmotto?

Leben und leben lassen!

Ernährung

Es gibt kaum ein Thema, bei dem so viele kontroverse Meinungen existieren wie bei Frage nach der richtigen Ernährung. Unzählige Ernährungsratgeber und Diätexperten und immer wieder neue Theorien und Ansätze verunsichern die Konsumenten. Dazu kommt noch die Lebensmittelindustrie mit ihrem Convenience Food, den Geschmacksverstärkern und all der Denaturierung unserer Lebensmittel. Unsere Sinne werden so irregeführt, dass wir nicht mehr erkennen, was für uns gut ist und was nicht. Erschreckend ist, dass diese Manipulation bereits bei den Babys und ihrer ersten Zusatznahrung beginnt.

Früher hat die Landwirtschaft hungrige Menschen satt gemacht. Heute machen Supermärkte satte Menschen hungrig.

Grundlagen natürlicher Ernährung

Was ist denn nun die Grundlage einer natürlichen Ernährung, wenn wir all die verschiedenen Konzepte, Studien und Modeerscheinungen weglassen? Was bleibt noch übrig ohne Kalorien- und Vitaminzählen? Es gibt eine beruhigende Antwort: All das, was uns die Natur in ihrer reinen und unveränderten Form zur Verfügung stellt, ist gut für uns. All das, was das Säugetier Mensch über Tausende von Jahren während seiner Evolution gegessen hat, bevor es die Nahrungsmittelkonzerne gab.

Viele Nahrungsmittel betrachten wir heute als natürliche Nahrung. Natürlich ist aber nicht, was uns die Werbung sagt und was wir von unseren Eltern und Großeltern gelernt haben. Natürlich ist die Nahrung, an die wir anatomisch und physiologisch am besten angepasst sind. Natürlich ist die Nahrung, die wir ohne

> **All das, was uns die Natur in ihrer reinen und unveränderten Form zur Verfügung stellt, ist gut für uns.**

Zubereitung direkt verzehren können. Natürlich ist die Nahrung, die uns mit allen Nährstoffen, Vitaminen, Spurenelementen versorgt, ohne dass der Mensch was zugeben muss. Natürlich ist die Nahrung, die mit reinen Sinnen und klarem Instinkt am besten schmeckt. Natürlich ist die Nahrung, für die kein anderes Lebewesen auf dieser Erde leiden musste.

Im Jahr 1822 haben sich in Amerika Ärzte zusammengeschlossen, um die „Natürliche Gesundheitslehre" zu initiieren, da sie festgestellt hatten, dass die meisten Krankheiten dadurch entstanden, dass sich die Menschen sich mit ihren Lebens- und Ernährungsgewohnheiten zu weit von der Natur entfernt hatten. Sie gaben den Patienten Placebos, verordneten eine Kost aus frischen Nahrungsmitteln und behaupteten, diese würden die Wirkung der Pillen begünstigen. Damit erzielten sie erstaunliche Heilungserfolge.

Leider haben wir uns heute mit unserer Lebens- und Ernährungsweise sehr weit von der Natur entfernt. Es gibt immer mehr und neuere Erkenntnisse in der Ernährungswissenschaft. Immer bessere Medikamente und medizinische Versorgung. Immer mehr Wohnkomfort und Technik, die uns das Leben erleichtern. Und im Gegensatz dazu aber immer mehr chronische Krankheiten, Allergien, Nahrungsmittelunverträglichkeiten und sogenannte Zivilisationskrankheiten. Da muss es einen Fehler im System geben. Anteil an diesen Krankheiten hat nicht nur unser Lebensstil, sondern auch unsere Ernährung, die vielfach denaturiert und sogar künstlich ist.

Rein physiologisch ist der Verzehr von frischen Früchten, Nüssen, Samen, Salaten und Gemüsen für uns am besten geeignet. Diese Lebensmittel sollten daher der Hauptbestandteil unserer täglichen Ernährung sein, damit wir nicht nur gesund, sondern auch leistungsfähig bleiben.

Die Nahrung und ihr Energieniveau

Bei einer natürlichen, leistungsorientierten Ernährung geht es nicht um Kalorienzählen. Vielmehr geht es darum, wie sich unser gesamtes spürbares Energieniveau durch unser Essverhalten verändert. Wer kennt nicht die „Futternarkose" nach einem ausgiebigen und üppigen Essen? Vielleicht haben Sie schon einmal erlebt, dass Ihnen Sport direkt nach dem Essen schwerfällt. Oder Sie kämpfen sogar jeden Tag mit einer Leistungsminderung und Müdigkeit nach dem Mittagessen. Übrigens die beste Zeit, unangenehme Themen in Besprechungen im wahrsten Sinne des Wortes schnell vom Tisch zu bekommen.

Gehen wir davon aus, Sie haben 100 Prozent Energie aus der Nahrung zur Verfügung. Bei idealer Energieverteilung stehen davon

25 % für den Stoffwechsel (z. B. Verdauung)

25 % für das Gehirn (z .B. mentale Belastung)

25 % für den Körper (z. B. Bewegung)

25 % für die Umweltfaktoren (z .B. Klima)

zur Verfügung. Diese Energieverteilung geht fließend ineinander über. So steht bei starker körperlicher Belastung weniger Energie für den Verdauungsprozess zur Verfügung, um die Energie in der Muskulatur zu haben. Bei starker Hitze werden wir träge und haben weniger Appetit, weil unser Organismus mehr Energie für die Temperaturregulierung benötigt. Es finden also ein ständiger Ausgleich und ein ständiges Verschieben der Energie statt. Dieser Ausgleich und diese Verschiebung innerhalb unseres Organismus sind von uns nur sehr begrenzt bewusst steuerbar. Was aber von uns bewusst steuerbar ist, ist unser Essverhalten in jeder unserer Berufs- und Lebenssituationen. Wir können unsere mentale Belastung nicht komplett allein steuern, da spielen Kollegen, Kunden, Marktsituation, Vorgesetzte aber auch Familie und sogar Nachbarn und Freunde eine große Rolle. In vielen Berufen ist auch die körperliche Belastung nicht immer steuerbar, häufig müssen wir an die körperlichen Belastungsgrenzen gehen oder wir haben zu wenig Zeit, uns um den notwendigen Sport und Bewegung zu kümmern. Die Umweltfaktoren, vor allem das Klima in den Jahreszeiten, können wir zum Glück auch nicht beeinflussen.

> **Grundsätzlich benötigen Sie bei einer gutbürgerlichen Ernährung bis zu 70 % Ihrer gesamten zur Verfügung stehenden Energie für die Verdauung.**

Um nun unsere geistige und körperliche Leistungsfähigkeit zu erhalten oder zu verbessern, ist es wichtig zu wissen, welchen Einfluss Sie persönlich auf die Ernährung haben. Es ist auch wichtig zu wissen, wann Sie besonders auf Ihre Ernährung achten müssen und wann Sie über die Stränge schlagen dürfen. Grundsätzlich benötigen Sie bei einer gutbürgerlichen Ernährung bis zu 70 % Ihrer gesamten zur Verfügung stehenden Energie für die Verdauung. Das bedeutet, es bleiben nur noch 30 % Energie für die restlichen drei Bereiche. Bei gleichmäßiger Aufteilung wären das 10 % für das Gehirn, 10 % für die Bewegung und 10 % für die Umwelt. Daher brauchen Sie sich nicht zu wundern, wenn Sie bei einer derartigen Ernährung und einem

> **Bei einer Ernährung, die ausschließlich aus frischen, rohen Nahrungsmitteln wie Früchten, Nüssen, Salaten und Gemüsen besteht, brauchen Sie maximal 15 % Ihrer gesamten zur Verfügung stehenden Energie für die Verdauung.**

stressigen Arbeitsalltag kein einziges Prozent mehr für die Bewegung übrig haben oder es gerade noch für das Bedienen der Fernbedienung vor dem Fernseher reicht.

Bei einer Ernährung, die ausschließlich aus frischen, rohen Nahrungsmitteln wie Früchten, Nüssen, Salaten und Gemüsen besteht, brauchen Sie maximal 15 % Ihrer gesamten zur Verfügung stehenden Energie für die Verdauung. Das bedeutet, Sie haben noch 85 % für die restlichen Bereiche. Das ist ein riesen Potenzial, das diese Bereiche untereinander aufteilen können, wie es gerade notwendig ist. Jeder dieser Bereiche schafft es dadurch auf jeden Fall, sein Minium an 25 % zu halten und ideal zu funktionieren. Die 10 % Reserve werden dann dort eingesetzt, wo sie für eine höhere Leistung benötigt werden. So haben Sie bei mentaler Belastung 35 % zur Verfügung und Sie werden die Belastung nicht wahrnehmen und noch die Kraft haben, am Abend Sport zu treiben und problemlos mit den Umweltfaktoren klarzukommen. Probieren Sie es aus und erleben Sie eine Leistungssteigerung, die Sie so mit Sicherheit nicht erwartet hätten.

Die reine, frische und rohe Ernährung ist nicht für jeden im Berufsalltag auf Dauer praktizierbar. Daher ist es gut, die drei folgenden Gruppen zu kennen:

Lebensmittel – energiepositiv
Liefern uns mehr Energie, als sie für die Verdauung benötigen.

Nahrungsmittel – energieneutral
Liefern uns gleich viel Energie, als sie für die Verdauung benötigen.

Genussmittel – energienegativ
Liefern uns weniger Energie, als sie für die Verdauung benötigen.

Die Kunst besteht nun darin, die tägliche Ernährung während des Berufsalltages so zu gestalten, dass am Ende des Tages eine positive Energiebilanz übrig bleibt. Zumindest sollte aber eine neutrale Energiebilanz erreicht werden. Am Wochenende oder im Urlaub kann ich durchaus mal ganz bewusst meine Ernährung so gestalten, dass eine negative Energiebilanz entsteht. Entscheidend wie viel Sie von der jeweiligen Gruppe essen, ist nicht das Gewicht der Nahrungsmittel, sondern die Menge. So ist zum Beispiel ein großes Stück Fleisch mit Nudeln und einem kleinen Salatteller negativ. Ein großer Salatteller mit Fleischstreifen und einem Stück Brot eher positiv.

Hier zwei Beispiele für eine leistungsorientierte natürliche Ernährung:
Sie essen von der Menge her 20 % energiepositive Lebensmittel, 70 % energieneutrale Nahrungsmittel und 10 % energienegative Genussmittel. Somit haben Sie am Tagesende eine positive Energiebilanz von 10 %.

Sie essen von der Menge her 70 % energiepositive Lebensmittel, 20 % energieneutrale Nahrungsmittel und 10 % energienegative Genussmittel. Somit haben Sie am Tagesende eine positive Energiebilanz von 60 %.

Lebensmittel	Nahrungsmittel	Genussmittel
Obst Gemüse Salat Nüsse Pilze Samen Sprossen Trockenfrüchte	Kartoffeln Reis gekochtes Gemüse Fisch und Fleisch gekocht oder gegrillt Getreidemilch	Zucker Kaffee Kuhmilch Getreide, vor allem Weizen Alkohol Fisch und Fleisch gebraten

Welche Nahrungsmittel in welche Gruppe gehören, können Sie nachfolgender Tabelle entneh-
men.

Grundsätzlich gilt:
Nicht verarbeitete und nicht behandelte Nahrungsmittel sind Lebensmittel.
Wenig verarbeitete und wenig behandelte Nahrungsmittel sind Nahrungsmittel.
Stark verarbeitete und stark behandelte Nahrungsmittel sind Genussmittel.

Mit frischen Früchten in den Tag

Immer wieder werde ich in meinen Seminaren und Beratungsgesprächen mit der Meinung konfrontiert, dass doch das Frühstück die wichtigste Mahlzeit des Tages sei. Dem kann ich nur zustimmen. Aus diesem Grund sollten wir gerade beim Frühstück alles richtig machen. Weg mit den alten Sprüchen aus dem Volksmund, morgens wie ein Kaiser, mittags wie ein König, abends wie ein Bettelmann zu speisen. Weg mit den schwer im Magen liegenden Müslis. Weg mit den gezuckerten Cornflakes in Milch und den Schokopops, die unsere Kinder hyperaktiv machen. Weg mit den Broten, den Brötchen, den Quarks und Joghurts, dem Käse und Schinken, weg mit allen Genussmitteln, die uns die Energie rauben. Gerade das Frühstück sollte nur aus frischen Früchten bestehen, die uns eine Menge Energie liefern. Oder wollen Sie den Tag schon mit einem Energiedefizit beginnen?

Viele Kinder, aber auch Erwachsene haben morgens keinen Hunger und keine Lust zum Essen. Das ist ganz natürlich und das Beste, was Sie für Ihren Stoffwechsel tun können.

Immer wieder hört und liest man, wie belastend das Abendessen ist und man rät zum Dinner-Cancelling, also auf das Abendessen zu verzichten. Ich bin ein Verfechter des Breakfast-Cancellings. Lassen Sie das Frühstück ausfallen und beginnen Sie den Tag maximal mit frischen Früchten oder frisch gepressten Säften und einem großen Glas Wasser.

Wenn Sie abends essen, wird Ihr gesamter Organismus von Ihrem Stoffwechsel über Nacht mit allen Nährstoffen versorgt, die er tagsüber verbraucht hat. Sie wachen morgens auf und Ihr Gehirn und Ihre Muskeln sind mit Zucker für die bevorstehende Arbeit vollgetankt. Genauso wie wenn Sie, bevor Sie in den Urlaub fahren, Ihr Auto am Abend vorher reisefertig machen und volltanken. Warum frühstücken Sie dann morgens wie ein Kaiser, wenn Ihr Tank schon voll ist? Wo sollen die Nährstoffe hin? Ihr Tank ist voll! Ihr Körper schafft sich einen Reservekanister, den Sie in Form von Fettgewebe ablagern. Heute hat kaum noch jemand einen Reservekanister im Auto, denn es gibt ja genügend Tankstellen und wir können fast überall und zu jeder Zeit wieder volltanken. Genauso sieht es mit unserem Stoffwechsel aus, wir tanken wieder auf, bevor wir den Reservekanister benötigen, und somit bleibt uns der Reservekanister den ganzen Tag erhalten. Wir tanken beim Mittagessen, wir tanken beim Abendessen und manchmal auch noch zwischendurch. Und am nächsten Morgen füllen wir den nächsten Reservekanister an. Das Problem ist also nicht das Abendmahl, sondern das ausgiebige Frühstück.

Von unserer Nährstoffversorgung her wäre es ausreichend, vom Aufstehen bis zum Mittagessen nur Wasser zu trinken. Gerne auch ein Glas frisch gepressten Fruchtsaft. Sollten Sie das Gefühl haben, morgens mehr zu brauchen, dann essen Sie frische Früchte so viele und so oft Sie wollen. Vielleicht schmeckt Ihnen ein Obstsalat zum Frühstück. Probieren Sie es aus. Sie werden in nur wenigen Tagen merken, wie viel mehr Energie Sie haben.

Auch Ihre Verdauung wird dadurch positiv beeinflusst. Vor allem dann, wenn Sie morgens Früchte mit einem hohen Wasseranteil essen. Je höher der Wasseranteil der Früchte, desto besser funktioniert die Ausscheidung. Daher sind zum Beispiel Melonen als Frühstück bestens geeignet. Wer sich allerdings ein Leben ohne Frühstück nicht vorstellen kann, für den gibt es den Sonntag. Genießen Sie am Sonntag nach einem erholsamen Schlaf oder vielleicht, was noch besser wäre, nach dem Frühsport ein ausgiebiges Frühstück mit der Familie. Ganz nebenbei wird das feudale Frühstück einmal in der Woche zu einem ganz besonderen Erlebnis für alle. Leben Sie unter der Woche die meiste Zeit gesund und schenken Sie sich am Wochenende diesen besonderen Moment des Genusses. Ihr Körper und Ihre Leistungsfähigkeit werden es Ihnen danken.

Die zwei größten Energieräuber

Der Start in den Tag ist Ihnen mit Wasser und frischen Früchten schon mal geglückt. Es lauern noch ein paar Risiken, die es Ihnen schwermachen, den Tag positiv zu beenden. Die zwei Hauptmahlzeiten Mittagessen und Abendessen können wahre Energieräuber sein. Grundsätzlich sollte das Mittagessen mehr Kohlenhydrate enthalten und das Abendessen mehr Eiweiß. Essen wir die Kohlenhydrate abends und bewegen uns nicht mehr, werden diese zu Fett. Tierisches Eiweiß hingegen braucht deutlich mehr Energie für die Verdauung und macht uns am Nachmittag daher müde.

Doch ich möchte nun auf die zwei größten Energieräuber in unserer Ernährung hinweisen. Diese sind zum einen der Weizen und zum anderen die Kuhmilch. Weizen und Kuhmilch sind aber nicht nur Energieräuber, sondern für viele Allergeien und Degenerationserkrankungen, die uns heute plagen, verantwortlich.

Weizen – macht junge Menschen alt

Es ist jetzt schon fast dreitausend Jahre her, dass wir begonnen haben, aus Gräsern Getreide zu züchten. Dass damit die Entwicklung der Menschheit einen enormen Schub bekommen hat, ist unumstritten. Über die Jahrhunderte hinweg wurde Getreide nach traditionellen Methoden angebaut und geerntet. Mittlerweile haben die Wissenschaft, die Industrialisierung und die Chemie aber auch vor dem Ackerbau nicht haltgemacht. Neue Züchtungen traten auf den Markt, Samen wurden verändert, und die Chemie hielt mit Düngern und Spritzmitteln ihren Einzug. Die Nahrungsmittelindustrie tat das Ihre. Und langsam hat sich der Segen, vor allem der des Weizens, in einen Fluch verwandelt.

Die Ziele der Industrie sind natürlich klar, denn es geht um besseren Ertrag, Ungezieferresistenz, optimale Verarbeitungseigenschaften und hohen Gewinn. Doch keiner der Lebensmittelkonzerne und Saatguthersteller hat dabei den Faktor Mensch im Visier. In keinem Bericht erscheint die Komponente Gesundheit.

Es geht vielmehr um Gewinnmaximierung auf Kosten der Konsumenten und ihrer Gesundheit. Ich könnte jetzt viele Erkrankungen nennen, die auf Nahrungsmittelunverträglichkeiten bzw. dem Konsum veränderter Lebensmittel basieren: Hautausschlag, Darmentzündungen, Prostataprobleme, Krampfandern, Herzinfarkt usw. Gerade Getreide und hier vor allem den Weizen bezeichnet man in der „Natürlichen Gesundheitslehre" als „Silent Killer". Weizen wurde für die industrielle Verarbeitung am meisten verändert. Vor allem die Veränderung des enthaltenen Klebereiweißes (Gluten), führt dazu, dass heutzutage immer mehr Menschen auf Weizen reagieren. Weizenkonsum birgt die Gefahr einer schleichenden und nicht spürbaren Veränderung der Organe und Blutgefäße. Bei Männern kann Weizenkonsum sogar zu einer Vergrößerung der Prostata führen. Das Weglassen von Weizen wirkt bei Prostatabeschwerden und Erektionsproblemen wahre Wunder. Ich spreche hier jetzt nicht von alten Männern, sondern von Männern um die vierzig. Bei Frauen führt der Verzehr von zu viel Weizen gerne zu Gelenkproblemen wie Arthrosen in Knie und Hüfte.

Wenn Sie Getreide essen, verzichten Sie auf Weizen. Steigen Sie um auf Dinkel oder andere Urgetreide wie Einkorn und Emmer, wann immer es Ihnen möglich ist. Oder legen Sie immer wieder mal einen getreidefreien Tag ein. Für Ihren gesamten Organismus ist es besser, nur ein- bis dreimal in der Woche Getreide zu essen als dreimal am Tag. Es gibt viele interessante Studien und Berichte über den Weizen, informieren Sie sich rechtzeitig und nehmen Sie die schleichende Gefahr, die vom Energieräuber Weizen ausgeht, ernst.

Milch – die ideale Nahrung für Säuglinge

Milch ist das Nahrungsmittel für alle Säuglinge, das weiß jedes Kind. Doch warum ernähren sich auch Erwachsene immer noch wie Säuglinge und trinken Milch?
Überlegen Sie einmal:
Es gibt kein Säugetier auf dieser Erde, das nach der Stillzeit noch Milch trinkt.

Eigentlich wäre damit schon alles gesagt. Wenn man aber heute die Ernährungsgewohnheiten betrachtet, sind viele von uns noch im Säuglingsalter. Es heißt ja auch, dass alte Menschen wieder wie Kinder werden. Zumindest in einem Punkt stimmt das, man verkauft heute vermehrt auch Windeln für Erwachsene. Und was in jungen Jahren das Dreirad war, ist im Alter der Rollator.
Das muss aber nicht sein. Kuhmilch trägt maßgeblich zu vielen Wohlstands- und Degenerationserkrankungen bei. Auch viele scheinbar unheilbare Autoimmunerkrankungen haben ihre Ursache im Verzehr von Milchprodukten, und Laktoseintoleranz ist eine Erkrankung, an der immer mehr Menschen leiden.
Jeder Mensch baut mit zunehmendem Alter die Enzyme zur Aufspaltung der Milch ab, die Enzymaktivität nimmt ab, denn die Natur hat nicht vorgesehen, dass wir ein Leben lang Milch zu uns nehmen. Nehmen wir nun dennoch ständig Milch und Milchprodukte zu uns, kommt es darauf an, wie gut unser Organismus das Problem kompensieren kann.
Für diese Kompensation benötigen wir jedoch viel zu viel Energie, die uns dann im Alltag für Bewegung, Denken und Umweltfaktoren fehlt. Dieser Mehraufwand an Energie führt zu einer ständigen Überforderung unserer Organe und somit einem frühzeitigen Alterungsprozess.

Die Milch birgt meiner Erfahrung nach folgende Risiken:
• Milchzucker führt überwiegend zu Magen-Darm-Problemen
• Milcheiweiß ist eine Dauerbelastung unseres Immunsystems und führt zu Allergien und Autoimmunerkrankungen

Haben Sie eine Laktoseintoleranz, hat sowohl die Ernährungsindustrie wie auch die Pharmaindustrie eine Lösung für Sie parat. Sie haben jetzt die Möglichkeit, sich mit laktosefreien Produkten (hier verbirgt sich schon die erste Täuschung, denn diese Produkte sind ja nicht laktosefrei) zu ernähren oder Sie nehmen eine Laktase-Tablette, bevor Sie Milchprodukte essen. Sie spüren nun die Belastung Ihres Magen-Darm-Trakts nicht mehr, die schleichende Überlastung Ihres Immunsystems geht aber weiter und die Degeneration Ihrer Gefäße auch.

Vergleichen wir einmal die Wirkungsweise einer Laktase-Tablette mit einem Schmerzmittel. Stellen Sie sich vor, Sie würden sich gezielt mit einem Hammer auf den Finger schlagen. (Das ist so, wie wenn Sie Milch essen, obwohl Sie wissen, dass sie Ihnen nicht bekommt.) Der Schlag auf den Finger tut weh, der Finger ist verletzt und braucht wieder einige Zeit, um zu heilen. Jetzt könnten Sie ein Schmerzmittel nehmen, warten, bis es wirkt und sich dann wieder mit dem Hammer auf den Finger schlagen. Sie spüren keinen Schmerz mehr, der Finger ist aber trotzdem verletzt. Machen Sie dies mehrmals am Tag, ist es eine Frage der Zeit, bis Ihr Finger so kaputt ist, dass er nicht mehr heilen kann. An der Stelle überlasse ich es Ihrer Fantasie, dieses Beispiel auf die Laktase-Tablette und den täglichen Verzehr von Milch zu übertragen.

Weichen Sie auf pflanzliche Milchprodukte aus. Doch sehen Sie die pflanzlichen Milchprodukte immer als Alternative und nie als Hauptnahrungsmittel. Verwenden Sie diese Produkte ganz gezielt, zum Beispiel zum Kochen. Als Ersatz können Sie in geringen Mengen auch Schaf- und Ziegenmilch, vor allem in Form von Käse, in Ihre Ernährung mit aufnehmen. Sofern Sie gesund sind, können Sie ein- bis zweimal in der Woche Kuhmilchprodukte essen. Ein gesunder Organismus, der dazu noch viel bewegt wird, kann geringe Mengen kompensieren. Denken Sie daran, je größer die Menge, desto belastender für Ihr Energieniveau.

Die Natur ist der perfekte Koch

In Früchten, Gemüsen und Salaten ist alles in hoher Qualität enthalten, was wir für einen gesunden und ideal funktionierenden Organismus benötigen. Eiweiß, Kohlenhydrate in Form von Zucker und Stärke, alle notwendigen Vitamine und Spurenelemente – in der Menge optimal zusammengesetzt und trotzdem unterschiedlich in jedem von der Natur produzierten Lebensmittel. Der Koch Natur hat alles ausgewogen und für die Bioverwertbarkeit unseres Köpers perfekt zubereitet. Genau dieses Geheimnis der perfekten Bioverwertbarkeit besitzt nur die Natur. Es ist noch keinem Spitzenkoch, keinem Labor oder Lebensmittelproduzenten gelungen, diese Bioverwertbarkeit so herzustellen wie die Natur. Es ist noch keinem Hersteller von Nahrungsergänzungen gelungen, Produkte herzustellen, die man einpflanzen kann und die sich dann selbstständig vermehren.

> Nur in den Lebensmitteln der Natur ist der Funke Leben, der für uns so wichtig ist.

Der Wochen-Ernährungsplan für körperliche und geistige Höchstleistung

Mit diesem Ernährungsplan gebe ich Ihnen eine Hilfestellung, um Ihren Stoffwechsel zu optimieren. Neben der körperlichen und geistigen Höchstleistung machen Sie mit diesem Plan einen entscheidenden Schritt in Richtung mehr Gesundheit. Der Plan ist bewusst so angelegt, dass Sie auf nichts verzichten müssen. Sie dürfen weiterhin alles essen. Allein die Häufigkeit, die Menge und die Zusammensetzung ändern sich. Ganz wichtig für unseren Stoffwechsel ist gerade diese Abwechslung. So kann er sich auf keine regelmäßige Ernährung einstellen und bleibt aktiver. Er erhält auch mal Pausen, um sich von einer Belastung zu erholen. Oder er erlebt Belastungsspitzen, die ihn herausfordern und die genauso wichtig sind wie die Erholungsphasen. Wenn Sie als Läufer immer fünf Kilometer im gleichen Tempo laufen, wird sich Ihr Körper nicht mehr weiterentwickeln. Genauso ist es bei gleicher Ernährung mit unserem Stoffwechsel, er wird träge. Die Kunst besteht darin, den Stoffwechsel so zu trainieren, dass keine Überforderung und keine Unterforderung entstehen.

Der nun folgende Wochenplan ist für Sie exemplarisch. Ich rate Ihnen, den Plan in den ersten Wochen auszuführen wie vorgeschlagen, bis Sie ein Gefühl für das Zusammenspiel von Belastung und Ernährung entwickelt haben. Danach können Sie gerne die Inhalte der Tage an Ihren beruflichen Alltag und die jeweilige Tagesbelastung anpassen.

Jeder Tag steht unter einem Motto. Die Speisenempfehlungen sind nur Hinweise und sollen Ihnen eine Richtung für die jeweilige Mahlzeit vorgeben. Ihrer Fantasie und Ihrem Einfallsreichtum sind dabei keine Grenzen gesetzt.

Ich wünsche Ihnen spannende Erfahrungen und viel Spaß beim Umsetzen.

Montag – Rohkost (Fastentag)

Der Start in die Woche sollte voller Energie sein. Alle unnötigen Stoffwechselbelastungen sind zu meiden. Ideal wäre daher ein Fastentag. Ein Tag in der Woche, an dem man nur Wasser trinkt, ist die beste Erholungsphase für den Körper und aus meiner Erfahrung besser, als einmal im Jahr eine Fastenkur zu machen. Keine Angst, Sie werden an diesem Tag nicht verhungern. Wenn Sie nicht fasten möchten, essen Sie an diesem Tag nur rohe Früchte, Salate, Gemüse und Nüsse. In diesem Fall mache ich Ihnen folgenden Vorschlag:

Frühstück
Wasser, evtl. Obst wie z. B. Melone

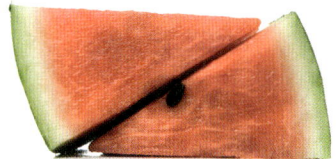

Mittagessen
Obst in verschiedenen Variationen

Abendessen
Rohkostsalat mit frischen Salaten und Gemüsen, angemacht mit verschieden Ölen und frischen Kräutern, anstatt Essig verwenden Sie frischen Zitronensaft.

Dienstag – kuhmilchfrei

Alles geht, ausgenommen Kuhmilchprodukte.

Frühstück
Wasser, Obst in verschiedenen Variationen

Mittagessen
kohlenhydratreich, z. B. Nudeln mit Gemüse

Abendessen
eiweißreich, frischer Salat mit Gemüsen, dazu Putenstreifen, Schinken, Fisch oder etwas Schafs- oder Ziegenkäse

Mittwoch – getreidefrei (Weizen)

Alles geht, ausgenommen Getreide. Auf jeden Fall sollte der Tag weizenfrei sein.

Frühstück
Wasser, frische Ananas

Mittagessen
kohlenhydratreich, z. B. Kartoffelgerichte mit Gemüse, auch mit geringem Fleischanteil

Abendessen
eiweißreich, Fleisch oder Fisch mit gedünstetem Gemüse, davor Tomate mit Mozzarella

Donnerstag – kuhmilch- und getreidefrei (Weizen)

Alles geht, ausgenommen Kuhmilch und Getreide.

Frühstück
Wasser, Obst in verschiedenen Variationen

Mittagessen
kohlenhydratreich, z. B. Risotto mit Pilzen, dazu einen frischen Salat

Abendessen
eiweißreich, Fleisch oder Fisch mit einem großen Salatteller der Saison

Freitag – vegetarisch

Alles geht, ausgenommen Fleisch und Fisch.

Frühstück
Wasser, frische Melone

Mittagessen
kohlenhydratreich, z. B. vegetarische Lasagne oder ein anders vegetarisches Nudelgericht

Abendessen
eiweißreich, frischer Salat mit Gemüse, dazu Schafs- oder Ziegenkäse, gekochte Eier und Hülsenfrüchte, z. B. vegetarischer Bohneneintopf

Samstag – Genusstag

Nehmen Sie sich Zeit zum Genießen. Vielleicht haben Sie sich schon die ganze Woche auf ein bestimmtes Essen gefreut. Ihr Lieblingsessen oder vielleicht die Pizza bei Ihrem Stammitaliener. Nehmen Sie sich an diesem Tag Zeit für das Essen. Kaufen Sie die frischen Zutaten selbst ein oder gehen Sie gemeinsam mit Ihrem/Ihrer Partnerin auf den Wochenmarkt. Bereiten Sie das Essen gemeinsam zu. Schaffen Sie sich vom Wein bis zum Nachtisch eine besondere Mahlzeit. Es kommt nicht auf die Menge an, sondern auf den Genuss.

Frühstück
Wasser, Obstsalat

Mittagessen
Ein Snack, auf den Sie schon die ganze Woche Lust hatten.

Abendessen
Was Ihr Herz begehrt. Lassen Sie sich es gut gehen.

Sonntag – Schlemmertag

Frei von Regeln essen Sie, was und so viel Sie wollen. Vergessen Sie für einen Tag alles, was Sie die Woche über beachtet haben. Fordern Sie Ihren Stoffwechsel heraus. Nur in der Belastungsspitze erleben Sie, wie gut die Ernährung während der Woche war.

Frühstück – Mittagessen
Brunchen Sie ausführlich und viel.

Abendessen
Motto: Deftig und heftig. Die Nascherei vor dem Fernseher darf auch nicht fehlen.

Dieser Ernährungsplan ist keine Diätempfehlung. Vielmehr dient er Ihnen dazu, eigene Körpererfahrungen zu machen auf dem Weg zu mehr körperlicher und geistiger Leistungsfähigkeit. Er gibt Ihnen die Chance, die für Ihre berufliche Belastung bestmögliche Ernährung zu entdecken. Er ist ein Einstieg zu Ihrer individuellen Ernährungsweise, die Sie ein Leben lang mit viel Energie einhalten können. Der Erfolg wir Ihnen recht geben.

Interview mit Patrik Baboumian, Kraftsportler, „Stärkster Mann Deutschlands"

Sie beweisen als veganer Kraftsportler, entgegen den allgemeinen Ernährungsempfehlungen, dass Fleischkonsum und tierische Produkte keine Voraussetzungen für Top-Leistungen sind. Worin liegen Ihrer Ansicht nach die Vorteile einer veganen Ernährung in Bezug auf die körperliche und geistige Leistungsfähigkeit?

Ein Hauptaspekt, den ich selbst bei der Umstellung von vegetarisch auf vegan positiv bemerkt habe, ist die geringere Neigung zu Übersäuerung bei einer rein veganen Kost. Ein aus den Fugen geratener Säure-Basen-Haushalt belastet sowohl die Gesundheit als auch die Leistungsfähigkeit. Symptome wie Sodbrennen und eine suboptimale Erholungsfähigkeit sind die Folge. Dieser Effekt ist recht markant und lässt sich schon im Rahmen eines vierwöchigen „Fastens" spürbar machen.

Welche kleinen Ernährungstipps können Sie einer Führungskraft geben, die im Laufe ihres Arbeitstages nur wenig Zeit für ihre täglichen Mahlzeiten hat, damit sie ihre Leistungsfähigkeit aufrechterhält?

Ich habe für mich die „Geheimwaffe" mit dem Namen Smoothie entdeckt. Dabei werfe ich Gemüse und Obst gemeinsam in den Mixer und gebe in meinem Fall noch etwas veganes Proteinpulver hinzu. So erhalte ich leckere und kraftspendende Zwischenmahlzeiten, die man auch wunderbar für einen langen Arbeitstag in seiner Aktentasche transportieren kann.

In welcher Hinsicht können Ihrer Meinung nach Manager und Führungskräfte von einer veganen Ernährung profitieren?

Wie bereits erwähnt, führt der positive Effekt auf den Säure-Basen-Haushalt zu einer gesteigerten Leistungsfähigkeit. Außerdem ist vegane Kost in der Regel bekömmlicher, was dazu führt, dass man nicht wie bei besonders reichhaltigen Mahlzeiten aus Mischkost ein Leistungstief nach dem Essen verspürt.

Wie viele Kilokalorien nehmen Sie an einem Trainingstag ungefähr zu sich?

Um mein Köpergewicht zu halten, benötige ich etwa 4.000 kcal, wenn ich versuche, mein Körpergewicht zu steigern, kann dieser Wert auch schon mal auf 6.000 bis 7.000 kcal ansteigen. Dabei fällt es mir wesentlich leichter, vegan auf meine benötigten Kalorien zu kommen als zuvor vegetarisch oder durch Mischkost. Gerade bei so großen Kalorienmengen ist es natürlich wichtig, dass die Lebensmittel, die man zu sich nimmt, bekömmlich sind, und hier liegt der klare Vorteil von veganen Nährstoffquellen.

Wie decken Sie Ihren täglichen Proteinbedarf?

Ich versuche, auf Abwechslung zu achten und setze dabei auf eine Mischung aus Hülsenfrüchten, Nüssen, Pflanzenmilch, Tofu und verschiedenen veganen Proteinkonzentraten.

Sind Nahrungsergänzungsmittel für Sie ein Thema? Wenn ja, welche
Nahrungsergänzungsmittel nehmen Sie zu sich?

Ich empfinde bestimmte Nahrungsergänzungsmittel als nützlich für meine Zwecke, möchte allerdings betonen, dass die Einnahme von Nahrungsergänzungsmitteln bei einer ausgewogenen Ernährung nicht notwendig ist. Vitamin B12 stellt aber eine kleine Ausnahme dar. Hier würde ich auf jeden Fall besonders bei einer veganen Ernährung eine Supplementation empfehlen. Supplemente, die ich ab und an nutze, sind Bierhefe, Spirulina, Kalzium-/Magnesiumtabletten, Omega-3-Fettsäuren, Kreatin, Zink und Phosphatidylserin.

Mit welchen Strategien und Methoden regenerieren Sie sich
nach harten Trainingseinheiten oder Wettkämpfen?

Hier gibt es drei Ebenen, die ich als gleichermaßen wichtig erachte:
Zum ersten versuche ich, meinem Körper leicht verwertbare Nährstoffe zuzuführen, um beim Training/Wettkampf entstandene Schäden möglichst schnell „reparieren" zu können. Im nächsten Schritt achte ich auf eine genügend lange Ruhephase, damit mein Körper seine energetische Balance wiederherstellen kann. Als Letztes versuche ich, sowohl vor als auch nach der Belastung eine emotionale Ausgeglichenheit herzustellen. Da ein gestörtes emotionales Gleichgewicht sowohl Erholung als auch Motivation sabotieren würde.

Von welchen Prinzipien des Spitzensports können Ihrer Meinung nach
Führungskräfte profitieren, um Burnout zu vermeiden?

Für jeden aktiven Sportler ist es eine absolute Selbstverständlichkeit, dass nach einer großen Belastung eine entsprechende Erholungsphase notwendig ist, um das energetische Gleichgewicht wiederherzustellen. Der Grund, warum dieses Prinzip außerhalb der sportlichen Betätigung schnell übersehen wird, liegt daran, dass sportliche Leistung leichter und konkreter messbar ist. Ein Übertraining macht sich schnell durch einen Leistungsrückgang bemerkbar. Im Geschäftsleben lässt sich die eigene Leistung nicht so konkret vergleichbar machen, sodass man sich eine Überlastung sehr lange schönreden kann, bis im schlimmsten Fall die Symptome unerträglich werden und ein Totalausfall die Folge ist.

Schlussbetrachtung

Am Ende angelangt, fragen sich sicher viele Autoren, so auch ich, ob das Buch den Ansprüchen und Erwartungen des Lesers/der Leserin gerecht wird. Die Antworten auf diese Frage werden vermutlich sehr vielfältig sein. Das Buch „Vital durch das Feuer" ist keine wissenschaftliche Publikation. Es erhebt auch keinen Anspruch auf Vollständigkeit und deckt vor allem nicht das gesamte Spektrum der Stressforschung, der Burnout-Prävention, des Spitzensports und schon gar nicht der über 1.500-jährigen Shaolin-Tradition ab.

Mein Wunsch war es vielmehr, einer breiten Leserschaft einfache Möglichkeiten und Methoden zur Burnout-Prävention und Gesunderhaltung zu vermitteln, die in den Alltag leicht zu integrieren sind. Im Laufe meiner beruflichen Tätigkeit und persönlichen Weiterbildung habe ich eine Vielzahl an Fachbüchern zu diesem Thema verschlungen und versucht, die beschriebenen Strategien persönlich umzusetzen bzw. meinen Klienten weiterzuvermitteln. Ich habe die Erkenntnis gewonnen, dass die wissenschaftlichen Theorien in der Praxis oft nur sehr schwer umsetzbar sind. Spitzensportler und Shaolin-Mönche haben mich hingegen gelehrt, dass wir mit gesundem Menschenverstand, einfachen Mitteln und mit einer großen Portion Selbstdisziplin unsere Gesundheit erhalten und die Leistungsfähigkeit enorm steigern können. Die Zusammenfassung der wesentlichen Erkenntnisse des Spitzensports sowie spezifisch ausgewählter Denk- und Trainingsansätze der Shaolin-Mönche zur BusinessVItal-Methode war für mich nur die logische Konsequenz meiner bisherigen Lebenserfahrungen. Stärken Sie die drei Säulen der Business-Vital-Methode, so ebnen Sie den Weg für eine gesunde und leistungsstarke Zukunft. Und auf diesem Weg wünsche ich Ihnen viel Energie und Umsetzungskraft!

„Gesundheit ist ein Geschenk der Natur. Pflegen Sie diesen Diamanten. Er wird es Ihnen mit großem Reichtum danken!"

Danksagung der Autoren

Von der Idee bis zur Fertigstellung eines Buches sind viele Menschen beteiligt. Anerkennung und Lob gilt daher allen Personen, die an diesem Buch mitgewirkt haben. Ich möchte mich bei Dr. Gerhard Conzelmann, Jörg Löhr, Werner Gröbl, Bernhard Moestl, Patrik Baboumian und Werner Schlager für ihre wertvollen fachlichen Inputs sowie bei Josef Mohr für seine Beiträge über BRAINKINETIK und Ernährung bedanken. Ein herzliches Dankeschön geht an den Kneipp-Verlag, insbesondre an Mag. Anneliese Paulhart, Mag. Eva Manhardt und meine Lektorin Mag. Christine Wiesenhofer.

Mein größter Dank gilt meiner Frau Ines und meinen Kindern Nina und Timo für das große Verständnis, das sie mir während der Arbeit an diesem Buch entgegengebracht haben. Ohne ihre Unterstützung würde es dieses Buch nicht geben.

Ich wünsche Ihnen viel Spaß mit dieser Lektüre und hoffe, Sie erfreuen sich an den zahlreichen kraftspendenden Übungen.

Ihr Gregor Rossmann

Ich möchte mich an dieser Stelle bei all jenen bedanken, die an diesem Buch mitgewirkt haben. Besonders möchte ich mich bei Gregor Rossmann bedanken, der es mit seinem zielstrebigen Einsatz geschafft hat, dieses praxisorientierte Werk unter Mitwirkung vieler besonderer Menschen zu schaffen. Es ist für mich eine besondere Freude, als Co-Autor daran mitzuwirken.

Meine persönliche Lebenserfahrung und die Erfahrung in meiner täglichen Arbeit als Gesundheitsmentor zeigen, dass die Besonderheit immer in der Einfachheit liegt. Ich habe das Glück, viele solche Geschichten wie von Gregor Rossmann beschrieben bei meinen Kunden zu erleben und wünsche mir, dass wir Ihnen erste Impulse zu mehr Vitalität geben können. Beginnen Sie, Ihre Gesundheit und Ihre Leistungsfähigkeit selbst in die Hand zu nehmen. Lassen Sie sich überraschen, wie wirkungsvoll diese so scheinbar einfachen aber hoch effektiven Methoden sind.

Ich wünsche Ihnen viel Erfolg und dass Sie „Vital durchs Feuer" unserer heutigen Zeit kommen.

Ihr Josef Mohr

Mein persönliches Gesundheitsprojekt

Mein Ziel:

Vorteile:	Barrieren:

1. Schritt innerhalb von 72 Stunden

Die nächsten Schritte

Was?	Wann?	Bis wann?

Wer kann mir helfen?	Wie?

Literatur- und Quellenverzeichnis:

Boeck-Behrens, W. U.: maxxF: Das Super-Krafttraining. 6. Auflage.
Rowohlt Taschenbuch Verlag. Reinbek bei Hamburg. 2009.

Boyle, M.: Functional Training: Das Erfolgsprogramm der Spitzensportler. 4. Auflage. riva Verlag. München 2012.

Breuer, C. & Hallmann, K.: Dysfunktionen des Spitzensports: Doping,
Match-Fixing und Gesundheitsgefährdungen aus Sicht von Bevölkerung und Athleten.
Bundesinstitut für Sportwissenschaft. Bonn 2013.

Eßwein, J. T.: Achtsamkeitstraining. 6. Auflage. Gräfe und Unzer Verlag.
München 2012.

Feld, M.: Schlafen für Aufgeweckte: Mehr Lebensenergie durch guten Schlaf. Südwest Verlag.
München 2012.

Kogler, A.: Die Kunst der Höchstleistung: Sportpsychologie, Coaching, Selbstmanagement. Springer-Verlag.
Wien 2006.

Lipton, B. H.: Intelligente Zellen: Wie Erfahrungen unsere Gene steuern. 9. Auflage. KOHA-Verlag. Burgrain 2010.

Löhr, J. & Brand, H.: Projekt Gold: Wege zur Höchstleistung – Spitzensport als Modell.
2. Auflage. GABAL Verlag. Offenbach 2008.

Löhr, J.: Lebe deine Stärken: Wie du schaffst, was du willst.

Luijpers, W. & Luijpers, M. & Witasek, A.: Quantensprung zu Glück und Gesundheit.
Orac Verlag, Kremayr & Scheriau. Wien 2010.

Moestl, B.: Ba Duan Jin. Shaolin Qigong in 8 Tagen. Eigenverlag. 2009.

Moestl, B.: Shaolin: Du musst nicht kämpfen, um zu siegen. Knaur Ratgeber Verlag. München 2008.

Moestl, B.: Die Kunst, einen Drachen zu reiten: Erfolg ist das Ergebnis deines Denkens.
Knaur Ratgeber Verlag. München 2009.

Pappert, G. & Müller, E. & Prettenthaler, G.: fit@work: Körperliche und mentale Fitness
durch Bewegungspausen am Arbeitsplatz. USP International. München 2008.

Pontes, U.: Was Sport im Gehirn bewirkt. In: dasgehirn.info. 2013.

Porta, S. & Hlatky M.: Stress verstehen: Burnout besiegen. Verlagshaus der Ärzte. Wien 2009.

Schuhmacher, C.: Fit im Büro. Nymphenburger Verlag. München 2009.

Späth, Thomas & Yan, B.: Shaolin: Das Geheimnis der inneren Stärke.
Gräfe und Unzer Verlag. München 2011.

Wagner, F.: Akupressur: Heilung auf den Punkt. 4. Auflage. Gräfe und Unzer Verlag. München 2002.

Xinggui, S.: Shaolin QiGong: Energie in Bewegung. 3. Auflage. KOHA-Verlag. Burgrain 2008.

Studie von Stefan Schneider:
http://dasgehirn.info/handeln/motorik/was-sport-im-gehirn-bewirkt-2912/print

Bildnachweis:

Peter Barci: Cover und Autorenporträts (Umschlag), Seite 92, 93, 94, 95 o., 106–120
Dr. Gerhard Conzelmann: Seite 12, 62
Nina Krok, Graz: Seite 18
Jörg Löhr Erfolgstraining: Seite 20
Univ.-Prof. Dr. Sepp Porta: Seite 32
Antonios Larentzakis Photography, Graz: Seite 122–133
Werner Schlager: Seite 134
PierreLamelyBodyXtreme.de: Seite 150

iStockphoto.com: Seite 14, 17, 22, 26, 28, 34, 38, 46, 49, 52, 55, 58, 61, 68, 71, 72, 79, 80, 89, 95 u., 98, 100, 102, 139, 145, 148, 152, 156
dreamstime.com: Seite 24, 41, 64, 147 o., 154
fotolia.de: Seite 10, 42, 50, 136, 140, 141, 146, 147 u., 149

Grafiknachweis:

Daniel Lampl: Seite 37
Gregor Rossmann: Seite 70, 77, 155
Josef Mohr: Seite 82–88
Oskar Kubinecz: Seite 96